미술관에서
소크라테스를 만나다

미술관에서
소크라테스를 만나다

이호건 지음

Jean-Jacques Rousseau

Socrates

Aristotles

Friedrich Wilhelm Nietzsche

Lucius Annaeus Seneca

Karl Marx

Rene Descartes

Baruch Spinoza

Jean-Paul Sartre

명화에 숨겨진 철학자의 시선들

미디어샘

Prologue

"해석은 지식인이 예술에 가하는 복수다."

미국의 작가이자 평론가인 수전 손택Susan Sontag, 1933~2004이《해석에 반대한다》에서 주장했던 유명한 말입니다. 해석을 하지 말라는 뜻으로 이해되는 손택의 말은 쉽게 받아들이기 어렵습니다. 우리가 예술작품을 대할 때면 무심결에 또는 반드시 '해석'이라는 과정을 거치기 마련입니다. 대개 예술가는 대상을 있는 그대로 재현하는 것이 아니라 나름의 상징적 기호로 비꼬아서 표현하기 때문입니다. 가령, 마크 로스크Mark Rothko, 1903~1970의 〈No. 6〉나 잭슨 폴록Paul Jackson Pollock, 1912~1956의 〈No. 17A〉와 같은 작품은 전문가의 해석을 듣지 않고서는 도무지 뭘 그린 것인지 이해하기조차 어렵습니다. 그 그림들이 미술품 경매 시장에서 각각 1억 8,600만 달러와 2억 달러라는 고가에 팔렸다는 뉴스는 놀라울 따름이지요. 사람들은 해석 없이 도무지 알 수 없는 그림에 왜 그토록 비싼 가격을 지불하는 것일까요? 왜 손택은 예술작품에 해석을 달지 말라고 했을까요?

무릇 해석이란 해부작업과 유사합니다. 대상의 표면을 찢고 들어가서 내부를 샅샅이 파헤치는 작업입니다. 그 작품을 창작할 당시 예술가의 상황은 어떠했는지, 그때의 감정 상태는 어떠했는지, 예술가에게 영감을 준 사람이나 사건은 무엇인지, 당시 배우자나 동료 예술가와의 관계는 원만했는지 등 마치 불륜의 결정적 증거를 찾아달라고 의뢰받은 심부름센터 직원처럼 예술가의 일거수일투족을 감시하고 탐문하고 추적하는 작업입니다. 차이가 있다면 심부름센터에서는 주로 '어깨(?)'들이 일을 맡아서 불법으로 행하지만, 예술작품에 대한 해석은 이른바 '평론가'라 불리는 지식인에 의해서 합법적으로 진행된다는 점 정도입니다. 둘 다 본인의 뜻과 무관하게 검증대에 올라서 사생활이 낱낱이 까발려진다는 점에서는 동일합니다.

해석작업에 대한 권한은 누가 부여한 것일까요? 심부름센터의 어깨들이야 어찌되었건 의뢰인의 요청으로 업무에 착수하지만 평론가는 자기가 알아서 작업을 시작합니다. 하고 싶으면 하고, 하기 싫으면 안 해도 그만입니다. 기준도 명확하지 않습니다. 해석하는 이가 자의적으로 평가해서 결론을 내리면 끝입니다. 이처럼 권한도 기준도 불명확한 상태에서 예술작품의 배후를 파헤치는 행위에 대해 손택은 "오늘날은 대부분의 해석작업이 반동행위에다 숨통을 조이는 행위가 되고만 그런 시기다. 도시의 공기를 더럽히는 자동차와 공장의 매연처럼, 예술을 해석하는 사람들이 뱉어놓은 말들은 우리의 감성에 해독을 끼친다"라며 일침을 가했습니다. 예술에 대한 해석이 예술가를 억압하고, 그들의 평가에 영향을 받는 대중들의 감성을 해치기 때문에 반대한다는 입장이지요.

심지어 손택은 해석행위를 "예술작품을 가만히 내버려두지 않겠다는 잔인한 호전행위로 보인다"라고까지 표현했습니다. 예술이 (또는 예술가가) 무슨 잘못을 저지른 것도 아닌데 '무면허 의사'들이 나서서 메스를 들고 설친다는 생각입니다. 물론 해석의 대상이 되는 일은 세상에 작품을 내놓는 작가라면 어느 정도 감수해야 할 몫이기는 합니다. 세상의 평가나 해석이 두렵다면 아예 대중에게 작품을 내놓지 않으면 그만일 테니까요. 하지만 고위공직자를 대상으로 한 인사청문회도 아닌데, 힘없는 예술가가 어렵사리 내놓은 작품을 지나치게 난도질하는 것은 아무래도 과한 측면이 있기는 합니다.

오해하지 말아야 할 점은 손택이 모든 비평행위를 중단하자고 제안한 것은 아니라는 사실입니다. 그녀 또한 해석의 필요성을 부정하지는 않았습니다. 다만 오늘날 만연하고 있는 예술에 대한 해석작업이 작품의 가치를 훼손하고 작가나 대중에게 나쁜 결과를 가져다주는 경향을 지적하고 있는 것입니다. 손택의 궁극적인 고민은 다음 글에서 엿볼 수 있습니다. "예술작품의 자리를 빼앗은 것이 아니라 그에 이바지할 비평은 어떤 것일까? (…) 지금 중요한 것은 감성을 회복하는 것이다. 우리는 더 잘 보고, 더 잘 듣고, 더 잘 느끼는 법을 배워야 한다." 결국 그녀가 바람직하게 생각하는 비평은 작품을 평가하고 재단하는 데 그치지 않고, 대중이 예술작품을 더욱 잘 음미할 수 있는 방향이어야 한다는 것입니다. 비판을 위한 비평이 아니라 발전을 위한 비평이어야 합니다. 손택은 글의 말미에 비평의 존재 이유에 대해 이렇게 적었습니다. "해석학 대신 우리에게 필요한 것은 예술의 성애학erotics이다." 이는 대중들로 하여금 예술을 더욱 사랑할 수 있는 비평이 되어야 한다는 의미로 이해됩니다.

이 책을 읽는 독자 중에는 평소 미술에 관심도 많으며 가끔씩 미술관을 찾을 정도의 미술애호가도 있을 테고, 미술에는 별 관심도 없고 평생 가도 미술관 근처에 얼씬조차 하지 않는 이른바 '미린이(미술초보자)'도 있을 것입니다. 하지만 미술애호가든 미술초보자든 간에 현대를 살아가는 우리는 알게 모르게 미술에 상시 노출되어 있습니다. 가령, 삼성전자 반도체 공장의 외벽 디자인은 '추상화가의 선구자'라 불리는 피에트 몬드리안Piet Mondrian, 1872~1944의 작품으로 도배되어 있습니다. 세계 최고 반열에 오른 LG전자나 삼성전자의 고급 가전제품 속에는 미술작품이 포함되어 있는 경우가 많습니다. 그들은 "가전, 작품이 되다"라는 슬로건을 내걸고 "기술이 예술의 경지에 오르면 작품이 된다"고 홍보합니다. 우리가 매일 접하는 광고 속에는 하루도 빠짐없이 미술품 전람회가 펼쳐지고 있습니다. 지금은 굳이 갤러리 문을 열고 들어가지 않더라도 오고 가는 길거리에서, 대형 빌딩 로비에서, 지하철역에서, 도서관에서 수시로 미술작품을 감상할 수 있습니다.

오늘날 갤러리의 문턱은 무척이나 낮아졌습니다. 아니, 아예 사라졌다고 봐도 무방합니다. 도시 전체가 거대한 갤러리가 되었기 때문입니다. 이제 중요한 것은 감상자의 관심과 식견입니다. 르네상스 시대를 풍미했던 독일화가 알브레히트 뒤러Albrecht Durer, 1471~1528는 "참으로 예술은 자연 안에 감추어져 있기 때문에, 거기 (자연)로부터 예술을 이끌어낼 수 있는 자만이 예술을 소유한다"고 말했습니다. 자연에는 예술작품이 널려 있지만 그것을 볼 수 있는 사람만이 소유할 수 있다는 주장입니다. 평소 예술에 관심도 없고, 미술작품을 감상할 마음도 여유도 없는 사람에게는 그저 졸부의 장식장을 가득 채운 전시용 양장본이나 다름없습니다. '아는 만큼 보인다'라는 명제는 예술세계에도 통용되는 만고불변의 진리라 하겠습니다.

그리스 철학자 플라톤Platon, 428~423 BC경에 따르면, 예술은 아름다움에 대한 모방에서 시작되었습니다. 따라서 예술이란 아름다움을 창조하는 작업입니다. 아름다움을 창조하지 못한다면 그것은 예술이 아니라 기술이거나 노동에 불과합니다. 한편, 감상자는 작품에서 아름다움을 발견할 수 있어야 합니다. 그렇지 못한다면 예술의 참맛을 알지 못하는 상태입니다. 요컨대, 예술이란 아름다움이며 예술행위란 아름다움을 창작하거나 감상하는 일련의 활동을 말합니다.

근대에 들어서면서 "예술＝아름다움"이라는 등식에 반론을 제기하는 사람이 등장했습니다. 대표적인 이가 독일 철학자 마르틴 하이데거Martin Heidegger, 1889~1976인데, 그는 《예술작품의 근원》에서 이렇게 비판했습니다. "지금까지 예술은 대개 아름다운 것이나 아름다움과 관계하는 것으로 여겨졌을 뿐, 진리와의 연관 속에서는 전혀 숙고되지 않았다." 하이데거에 따르면, 지금껏 사람들은 예술을 아름다움과 관련된 행위라고 여길 뿐, 진리와 연관성이 있다는 생각에는 미치지 못했습니다. 예컨대, 인간의 욕구는 '진선미眞善美'와 관련이 있다고 말하는데, 여기서도 진리를 의미하는 '진'과 아름다움을 의미하는 '미'는 엄격히 구분되어 있습니다. 진리와 아름다움은 별개라는 관점입니다.

하이데거는 이런 도식에 반기를 들었습니다. 그는 예술작품 속에도 진리가 들어 있다면서 이렇게 주장했습니다. "예술작품 속에는 존재자의 진리가 작품 속으로 스스로 정립하고 있다." 그는 이 주장을 설명하기 위해 빈센트 반 고흐Vincent Van Gogh, 1853~1890의 〈구두〉라는 작품을 예로 들었습니다. 화폭 중앙에 낡은 구두 한 켤레가 그려진 고흐의 그림은 단지 구두라는 사물성을 표현한 것이 아니라는 입장입니다. 화가는 낡은 구두를 통해 농부의 고단한 발걸음과 강인함, 저물어가는 들길의 고독함 등을 표현했고, 그것이 작품의 진리라는 것입니다. 요컨대, 예술작품은 아름다움을 재현하는 것뿐만 아니라 진리까지 품고 있습니다. 이러한 논리로 보자면, 오늘날 예술작품을 제대로 감상하려면 작품 속에서 아름다움은 물론 그 속에 내포된 진리까지 포착할 수 있어야 합니다.

개인적으로 저는 "해석을 반대한다"는 손택의 주장과 "자연에서 예술을 이끌어낼 수 있는 자만이 예술을 소유한다"는 뒤러의 관점, 그리고 "예술작품 속에 진리가 들어 있다"는 하이데거의 주장을 모두 지지하는 편입니다. 그렇기에 이 책을 통해 미술작품에 대해 해석을 하려는 목적은 전혀 없습니다. 비평을 하려는 의도도 당연히 없습니다(실은 그럴 만한 실력을 갖추지도 못했습니다). 다만 도시가 하나의 거대한 갤러리가 된 세상에 살면서도 일상에 매몰되어 예술을 소유할 기회조차 갖지 못하는 대다수 보통 사람들이 조금이나마 예술적 감성을 회복하는 데 일조하고자 하는 마음에서 용기를 내어 펜을 들었습니다.

아울러 미술작품을 소개하면서 그림이 담고 있는 주제에 대한 인문학적 관점을 담고자 노력했습니다. 작품에 대한 인문학적 논의가 예술작품 속에 들어 있는 진리를 찾는 데 도움이 될 것이라는 믿음 때문입니다. '미술과 인문학의 만남'이라고 표현해도 좋겠습니다. 프랑스 소설가 알베르 카뮈Albert Camus, 1913~1960가 어딘가에서 이런 말을 했습니다. "위대한 아이디어는 레스토랑 회전문에서 나온다." 이질적인 것이 융합할 때 새로운 창조가 만들어진다는 의미입니다. 아름다움을 추구하는 미술과 진리를 추구하는 인문학의 색다른 만남을 통해 이전에는 경험하지 못한 예술적 체험이 가능하지 않을까 하는 기대를 가져봅니다.

본디 미적 취향이 그러하듯이, 미술작품에 대한 선호 또한 개인차가 심한 편입니다. 이 책에 소개하는 작품들은 미술사에 이름을 남긴 이른바 '명화名畫'로만 엄선했습니다. 이는 개인에 따른 호불호를 최소화하기 위한 조치이기도 하지만, 한편으로는 독자의 지적 허영심을 충족시키기 위한 목적도 있음을 밝혀둡니다. 《사람이 알아야 할 모든 것 – 교양》의 저자인 디트리히 슈바니츠Dietrich Schwanitz, 1940~2004는 교양을 "문화적인 소양이 있는 사람들과의 대화에서 어색하게 남의 눈에 튀지 않을 수 있는 능력"이라고 정의한 바 있습니다. 경험적으로 볼 때, 상당히 실용적이면서도 공감이 가는 정의라 생각합니다. 이 책에 소개된 명화 정도를 감상할 수준이 되면 어디 가서 교양인인 척하는 데는 전혀 문제가 없을 것입니다. 최소한 미술에 관한 한 교양인들과의 대화에서 어색하게 남의 눈에 튀지 않을 정도는 될 수 있다고 자부합니다.

조금 더 욕심을 낸다면, 이 책이 독자들의 예술적 감성을 회복시켜서 "더 잘 보고, 더 잘 듣고, 더 잘 느끼는 법을 배워야 한다"는 손택의 요청에 조금이라도 보탬이 되었으면 하는 바람입니다. 부디 이 책을 읽은 독자들이 미술적 식견과 인문학적 소양을 길러서 어딜 가더라도 당당하게 교양인 소리를 들을 수 있기를 기대하겠습니다.

이 호 건

Contents

Life

인생

우리는 모두 자기 인생의 그림을 그리는
화가입니다

우리는 어디서 왔는가, 우리는 무엇이며, 어디로 가는가(폴 고갱, 1897)

여인의 세 단계(클림트, 1905)

인생이란 무엇일까요? 간단한 질문처럼 보이지만 막상 대답
하기란 쉽지 않습니다. 이 질문을 받은 사람은 모두 인생이라는 여
정旅程을 다 마치지 못한 상태이기 때문입니다. 인생이 무엇인지는
여행을 마무리하고 나서야 비로소 답할 수 있는 성질의 것입니다.
그런 이유 때문인지 사람들은 인생에 대한 질문을 받으면 비유적으
로 이렇게 표현하기도 합니다. "인생은 짧고 예술은 길다."

아닌 게 아니라 한 개인의 인생은 예술에 비해 턱없이 짧습
니다. 예컨대, 레오나르도 다 빈치Leonardo di ser Piero da Vinci, 1452~1519가
1500년대 초반에 그린 〈모나리자〉는 무려 500여 년이 지난 지금
도 많은 사람들을 파리 루브르박물관으로 불러모을 정도로 생명력
이 대단합니다. 그에 비하면 인간의 인생은 매우 짧은 편입니다.
고작해야 100년 남짓 살 뿐이죠. 그것도 꽤나 운이 좋아야 가능한

일입니다.

그런데 궁금한 점이 있습니다. "인생은 짧고 예술은 길다"라는 말을 처음으로 한 사람은 누구일까요? 이 표현은 '의학의 아버지'라 불리는 그리스 의학자 히포크라테스Hippocrates, 460~370 BC경가 그의 논문《격언》에서 한 말입니다.《격언》은 히포크라테스가 환자를 검진하던 중 섬광처럼 떠오른 단상들을 즉석에서 기록해둔 모음집인데, 거기에는 의사로서 오랜 기간 질병과 싸웠던 경험으로 얻은 통찰이 담겨 있습니다. 그 책에 수록된 첫 번째 격언에 앞의 표현이 들어 있는데, 전체 문장은 다음과 같습니다. "인생은 짧고, 예술은 길며, 기회는 순식간에 지나가고, 경험은 유동적이며, 판단은 어렵다."

전체 문장을 보면, 히포크라테스의 말은 단지 예술에 비해 인생이 짧음을 표현하기 위함이 아님을 알 수 있습니다. 격언의 내용은 히포크라테스가 다양한 환자를 만나고 예측 불가능한 질병과 싸우면서 수없이 많은 성공과 실패를 경험한 끝에 얻은 통찰인데, 그의 말은 의사가 아닌 보통 사람의 인생에 대입해도 크게 틀리지 않습니다. 대체로 보통 사람들의 인생도—당시에는 잘 느끼지 못하지만—지나고 나면 매우 짧고, 삶에서 가끔씩 찾아오는 기회는 순식간에 지나가버리기 일쑤입니다. 게다가 "경험은 유동적"이어서 나이가 들어도 늘 실수를 반복하고, 선택의 순간이 찾아와도 좀처럼 "판단은 어렵"습니다. 그렇지 않던가요?

이러한 연유 때문인지 인생을 꽤나 살아본 어른들조차 '인생이란 무엇인가'라는 질문에는 쉽사리 답하지 못하는 경우가 대부분입니다. 그런데 인생이 무엇인지를 한눈에 알아볼 수 있도록 그림으로 남긴 화가가 있습니다. 프랑스 후기인상파 화가인 폴 고갱Paul Gauguin, 1848~1903입니다. 서머싯 몸William Somerset Maugham, 1874~1965의 소설 《달과 6펜스》의 주인공으로도 잘 알려진 고갱은 증권중개인이라는 안정적인 직업과 가족을 버리고 남태평양의 타이티섬에서 은둔 생활을 한 것으로 유명합니다. 그곳에서 그는 화가로서의 열정을 불태웠지만 지독한 가난과 우울증에 시달리다가 급기야 자살을 기도하기도 했습니다. 번듯한 직장, 부인과 가족마저 버린 채 자기 하고 싶은 대로 하며 살았던, 그야말로 자유로운 영혼의 소유자였지만 인생이 뜻대로 풀리지 않기는 보통 사람들과 매한가지였던 것 같습니다.

그는 1897년에 최후의 대작인 〈우리는 어디서 왔는가, 우리는 무엇이며, 어디로 가는가Where Do We Come From? What Are We? Where Are We Going?〉를 그렸습니다. 높이 139.1cm에 길이가 무려 374.6cm에 달하는, 큰 화폭에는 한 사람의 일생이 파노라마 사진처럼 펼쳐져 있습니다. 그림의 우측과 좌측 끝에는 막 태어난 갓난 아기와 죽음을 앞둔 노인의 모습이 배치되어 있으며, 중간에는 한 젊은이가 나무 열매를 따는 장면 등 인생의 다양한 모습들을 담고 있습니다. 말하자면, 그림 속 장면은 사람이 태어나서 죽을 때까지의 인생사를 곳곳에 빼곡하게 채워놓고 있습니다. "우리는 어디서 왔는가, 우리는 무엇이며, 어디로 가는가?"라는 의문문의 제목 또한 인생의 의미

폴 고갱, 〈우리는 어디서 왔는가, 우리는 무엇이며, 어디로 가는가〉
1897

에 대한 모호함을 드러내고 있습니다.

찬찬히 그림을 한번 음미해보시죠. 어떤가요? 그림 속 주인공의 인생은 밝고 행복해 보이나요, 아니면 암울하고 슬퍼 보이나요? 아무래도 후자 쪽이지 않나 싶습니다. 강렬한 색채의 다른 그림들과는 달리 유독 이 그림은 전반적으로 어두운 색조에 거친 질감으로 채색되어 있습니다. 자유를 찾아 떠났던 타이티에서 예술혼을 불태웠으나 전반적인 삶은 고독과 우울증으로 점철되었던 화가 자신의 삶을 투사하고 있는지도 모르겠습니다. 어쩌면 그도 이그림을 그릴 당시에 '인생은 짧고 예술은 길며, 기회는 순식간에 지나가고, 경험은 유동적이며, 판단은 어렵다'는 히포크라테스의 격언을 떠올렸을 수도 있겠지요. 그림처럼, 고갱의 인생 캔버스에는 밝음보다 어두움이, 행복보다 고독이, 희망보다 절망이 더 넓게 자리 잡고 있는 셈입니다.

인생을 화폭에 담은 화가를 한 사람 더 만나보기로 하겠습니다. 우리에게 〈키스〉라는 작품으로 널리 알려진 오스트리아 출신의 화가 구스타프 클림트Gustav Klimt, 1862~1918입니다. 오른쪽 그림은 〈여인의 세 단계The Three Ages of Woman〉라는 작품입니다. 그림의 중앙에는 세 인물이 있는데, 이들은 각기 다른 사람이 아니라 동일인의 인생 주기별 모습입니다. 오른쪽의 아기가 성장하여 중앙의 엄마가 되고, 나중에는 왼쪽의 할머니로 늙어갑니다. 제목처럼, 여인의 인생 '세 단계'인 셈입니다.

그림을 자세히 들여다보면, 각 대상의 자태나 얼굴 표정이 모

클림트, 〈여인의 세 단계〉
1905

두 다릅니다. 엄마 품에 안겨 잠든 아이의 표정은 매우 포근하고 고요합니다. 아기를 안고 있는 엄마의 모습 또한 모성애가 느껴질 정도로 밝고 안정적입니다. 반면, 좌측 노인의 얼굴은 화면에 없습니다. 어둡고 앙상한 피부에 굽은 등, 축 처진 가슴과 늘어진 뱃살에서 안타까움이 느껴질 정도입니다. 화가는 세 여인의 모습을 화면의 중앙부에만 배치했습니다. 그들을 둘러싼 배경에는 어두운 색조를 넓게 덧칠함으로써 전체적인 느낌은 암울하고 칙칙해 보입니다. 태어나서 성장하고 늙어가는 과정을 그린 그림에 언뜻언뜻 죽음의 그림자가 드리운 것 같습니다. 관능적인 여성 이미지와 화려한 색채를 특징으로 하는 구스타프 클림트의 다른 그림들과는 확연히 차이가 나는 작품입니다. 아마도 클림트는 한 사람의 인생에서 밝고 화려한 순간은 극히 짧으며, 대부분 어둡고 칙칙한 시기로 도배되어 있다고 본듯합니다.

고갱과 클림트의 인생 그림을 본 소감이 어떤가요? 두 그림을 비교하면 공통점과 차이점이 엿보입니다. 먼저 공통점이라면, 인생의 밝은 면보다는 어두운 면이 더 넓고 길게 표현되었다는 점입니다. 둘 다 어둡고 칙칙한 톤으로 인생을 그렸습니다. 차이가 나는 부분은 태어남과 죽음까지의 거리, 즉 인생의 길이입니다. 고갱은 약 4m에 달하는 화면에 길게 배치한 반면, 클림트는 화면의 중앙에 인생의 단계를 오밀조밀하게 배치했습니다. 그림으로만 보자면, 클림트보다는 고갱이 한 사람의 일생이 훨씬 길다고 본 듯합니다. 여러분은 인생이 길다고 생각하시나요, 짧다고 생각하시나요? 인생의 길이에 대해서 개개인이 느끼는 감각은 사뭇 다를 것입니다. 인생이 눈 깜짝할 사이에 빠르게 지나가버렸다고 말하는 사람도 있고, 인생이 나름대로 음미하기에 충분히 길다고 생각하는 사람도 있습니다.

사람마다 인생의 길이에 대한 느낌이 다른 이유는 무엇 때문일까요? 개인마다 수명이 다르기 때문일까요? 물론 그런 측면도 있겠지만, 핵심은 개개인이 보내는 인생의 밀도 차이 때문입니다. 프랑스 철학자 장 자크 루소Jean-Jacques Rousseau, 1712~1778는 《에밀》이라는 책에서 인생이 짧다고 느끼는 이유에 대해 이렇게 말했습니다. "인생이 짧다는 것은 살고 있는 시간이 짧다기보다는 그 시간 동안에 참다운 인생을 맛볼 수 없다는 의미다. 죽는 순간과 태어나는 순간과의 사이가 아무리 길어도 소용이 없다. 그 여백을 제대로 메우지 못한다면 인생은 짧은 것이다." 루소에 따르면, 인생의 길이에 대한 느낌의 차이는 개개인의 수명과는 무관합니다. 살아 있는 동안에 생을 어떻게 보냈는지에 달렸습니다. 100년을 살아도 참다운 인생을 살지 못했다면 인생이 짧다고 느끼는 반면, 50년을 살아도 그 기간을 가치 있는 활동으로 채웠다면 결코 인생이 짧다고 느끼지 않는다는 뜻입니다.

인생이란 한 사람이 태어나서 죽을 때까지 걸어간 길을 말하는데, 그 과정은 사람마다 다릅니다. 인생의 기간 내내 별다른 사건사고도 없이 안전한 길로만 걸어간 사람이 있는가 하면 좌충우돌해가면서 수많은 시행착오를 반복하며 거친 길을 걸어간 사람도 있습니다. 둘 중 어느 쪽이 더 나은 인생일까요? 전자가 안전하지만 별다른 감흥을 느끼지 못하는 인생이라면, 후자는 비록 힘은 들겠지만 다양하고 색다른 경험과 함께 성찰과 깨달음을 얻을 수도 있는 인생입니다. 당연히 전자보다는 후자가 가치 있고 참다운 인생이라 하겠습니다. 따라서 남들보다 오래 살았다고 해서 참다운 인생이라고 말하기 어렵습니다. 중요한 것은 인생의 길이가 아니라 그 기간 동안 얼마나 밀도 있게 보냈는가, 얼마나 참다운 인생을 맛보았는 가입니다. 양量보다는 질質이 중요하다는 뜻입니다. 그러니 인생이 너무 빨리 지나가버렸다고 후회하지 않으려면 살아 있는 동안, 다시 말해 '지금 이 순간'을 밀도 있게 보내야 합니다.

인생 길이에 대한 감각은 평소 시간을 어떻게 보내고 활용하는지와도 깊은 관련이 있습니다. 신神은 모든 인간에게 하루 24시간이라는 시간을 공평하게 주었지만, 그 시간을 활용하는 수준은 사람마다 차이가 있습니다. 자신에게 주어진 시간을 소중하고 가치 있게 사용하는 사람이 있는가 하면, 대부분의 시간을 쓸데없는 일에 허비하는 사람도 있습니다. 평소 시간을 알차게 사용한 사람과 시간을 낭비하는 사람 중에서 "시간이 없다. 시간이 부족하다"는 말을 자주 하는 쪽은 어디일까요? 대체로 시간을 낭비하는 사람일수록 시간이 부족하다는 말을 자주합니다.

스토아 철학자 세네카Lucius Annaeus Seneca, 4 BC~65 AD가 이런 말을 했습니다. "인간은 항상 시간이 모자란다고 불평하면서 마치 시간이 무한정 있는 것처럼 행동한다." 세네카가 보기에 사람들은 항상 시간이 부족하다며 불평을 늘어놓지만, 막상 시간을 보내는 걸 보면 마치 시간이 무한정 있는 사람처럼 행동한다는 것입니다. 반면 독일의 문호 괴테Johann Wolfgang von Goethe, 1749~1832는 시간을 알차게 보내기로 유명한 사람인데, 그는 이렇게 주장했습니다. "잘만 사용하면 언제나 시간이 충분했기에 나는 때때로 2배, 3배의 일도 해냈다. 시간은 무한히 길며 채우고자 한다면 정말 아주 많이 들어갈 수 있는 그릇이기 때문이다." 18세기와 19세기에 걸쳐 살았던 괴테는 당시로는 꽤 장수한 편이긴 합니다. 무려 83년을 살았거든요. 하지만 괴테는 수명이 길어서가 아니라 신이 자신에게 허락한 시간을 밀도 있게 채웠기 때문에 인생의 시간이 넉넉하다고 말할 수 있었습니다. 결국, 시간을 낭비하는 사람일수록 시간이 부족하다고 느끼는 반면, 시간을 밀도 있게 보내는 사람일수록 시간이 넉넉하다고 생각합니다. 요컨대, 각자가 느끼는 인생의 길이는 평소 시간을 어떻게 보내고 있는지에 달렸습니다.

사람은 누구나 일생 동안 생노병사生老病死를 거칩니다. 그 과정에서 세월의 흐름을 경험하게 됩니다. 프랑스 시인 에르베 바진Hervé Bazin, 1911~1996이 세월의 흐름을 강물에 비유하면서 이런 멋진 말을 남겼습니다. "강이 흐르는 것이 아니라 물이 흐른다. 세월이 지나가는 것이 아니라 우리가 지나간다." 사람들은 흔히 "시간이 흐른다" "세월이 흘러간다"라고 표현하지만 실상은 시간이 흐르는 것이 아니라 '시간의 강'을 따라 우리가 지나가고 있는 것입니다. 그 과정에서 시간은 사람들에게 아무런 간섭도 통제도 하지 않습니다. 시간을 잘 활용하건 낭비하건 그냥 내버려둘 뿐입니다. 따라서 시간의 강을 통과하는 이들이 각자 그 시간 동안 무엇을 할지를 결정해야 합니다. 일생 동안 시간의 강을 통과하는 과정에서 각자 무엇을 했는지가 쌓여서 인생의 점수가 매겨지고, 개개인이 느끼는 인생에 대한 감각이 생겨납니다.

　노년이 되어 인생을 평가할 때 인생이 길다고 느끼는 사람이 많을까요, 짧다고 느끼는 사람이 많을까요? 아마 후자가 훨씬 많을 것입니다. 왜 노년이 될수록 인생이 짧다고 느끼는 경우가 많을까요? 인생의 황혼기에서 인생이 짧다고 느끼는 것은 젊은 시절을 알차게 보내지 못한 것에 대한 후회의 표현인 경우가 많습니다. 프랑스 소설가 앙드레 지드Andre Gide, 1869~1951는 《새로운 양식》에서 이렇게 말했습니다. "지금 나를 괴롭히는 것은 '행해지지 않은 것'에 대한 후회, 젊은 시절에 내가 할 수도 있었고 했어야 옳았으나, 모럴 moral 때문에 하지 못한 모든 것에 대한 후회다." 지드는 사람들이 나이가 들어서 후회를 하는 경우가 많은데, 이때 무언가를 시도하다가 실패해서 후회하는 경우보다는 아무것도 시도하지 않은 것 때문에 더 많이 후회한다고 보았습니다. 즉, 젊은 시절에 할 수도 있었고 했어야 옳았는데, 무슨 이유인지 행하지 못한 것 때문에 괴로워한다는 것입니다. 그 결과, "10년만 젊었더라면" 하고 후회의 말을 되뇌는 경우도 있습니다.

　결국 인생이 짧다고 느끼는 것은 인생의 총 길이가 짧아서가 아니라 시간이 빨리 지나가버렸다고 느끼기 때문입니다. 또, 그러한 느낌은 인생을 사는 동안 해야 할 일을 제때 하지 않았거나, 아예 시도조차 하지 못한 것에 대한 후회 때문에 생깁니다. 성공하든 실패하든 인생을 살면서 자신이 가진 에너지를 다 쏟은 사람은 아무런 여한도 없습니다. 중국의 문호 왕멍王蒙은 이런 것을 "인생의 연소燃燒 원칙"이라 불렀는데, 관련된 그의 주장을 한번 들어보세요.

"인생은 하나의 과정이며, 시간이며, 에너지 방출 반응이다. 중요한 것은 참여이며, 투입이며, 있는 힘을 다 바치는 것이다. 이긴다면 물론 기쁜 일이지만, 져도 영광이다. 오직 전력투구했다면, 인생을 결재할 때는 패자의 눈물조차 뜨거울 것이며, 무게가 있을 것이다. 그러나 있는 힘을 다하지 않고 세월을 흐지부지 흘려보냈다면, 눈물을 흘리려고 해도 흘릴 눈물이 없을 것이다." 살아 있는 동안 자신의 있는 힘을 다한 사람, 다시 말해 전력투구를 한 사람은 인생의 마지막에서—왕멍은 이를 두고 "인생을 결재할 때"라고 표현했지요—후회할 일이 없는 반면, 그렇지 못한 사람은 눈물을 흘리려고 해도 아무 소용이 없다는 뜻입니다. 자동차에 비유하면, 우리가 자동차를 구입해서 타다가 사용 연한이 지나 폐차를 시킬 때 연료통에 아직 기름이 많이 남아 있으면 후회가 남는 것과 마찬가지입니다.

인생을 사는 동안 자신이 가진 힘과 에너지를 다 쏟아내지 못한 사람은 인생의 끝에서 "벌써 이렇게 세월이 지나버렸네! 인생 참 짧군…" 하면서 후회를 하게 됩니다. 그래서 인생에서 후회를 남기지 않으려면 실패를 두려워하지 말고 해보고 싶은 것을 모두 시도해보고, 자신이 가진 힘과 에너지를 모두 쏟아부어야 합니다. 그래야만 인생을 마칠 때 어떠한 여한도 후회도 남지 않습니다.

사람은 누구나 예외 없이 세월이 흘러가면 언젠가는 인생의 막바지에 도달합니다. 그때가 되면 아마도 자신이 살아온 인생을 반추해볼 것입니다. 여기서 사고실험思考実験을 하나 해보겠습니다. 우리는 지금 타임머신을 타고 미래로 갑니다. 우리가 도착한 곳은 죽음을 열흘 앞둔 인생의 종착역입니다. 지금 우리 앞에는 이젤 위에 하얀색 캔버스가 걸려 있고, 옆에는 물감과 붓이 놓여 있습니다. 여러분은 각자 자신이 살아온 삶의 궤적을 되돌아보고 화폭에 자기 인생을 그려야 합니다. 고갱이 했던 것처럼 말이죠.

당신은 빈 캔버스에 어떤 모습을 채워넣었나요? 배경 색상은 밝은가요, 어두운가요? 화면의 길이는 긴가요, 짧은가요? 그림은 전체적으로 마음에 드시나요? 사실 이 사고실험은 가상이 아닌 실제 상황입니다. 지금도 우리는 이미 자신의 인생 그림을 그려나가는 중입니다. 만약 사고실험에서 당신이 그린 그림이 마음에 들지 않는다면 '지금 이 순간'의 삶의 모습과 태도를 바꾸어야 할 때입니다. 인생의 막바지에 도달하면 그림을 고칠 수가 없습니다. 좋은 인생 그림을 원한다면 현재를 밀도 있게 살아야 합니다. 현재에 충실해야 합니다. 우리는 모두 자기 인생의 그림을 그리는 화가이기 때문입니다. 모두가 자기만의 인생 그림을 멋지게 채워나가길 기원하겠습니다.

02

Love

사랑

열정적인 사랑에는 항상
위험이 뒤따른다

더 이상 묻지 마세요(로렌스 알마 타데마, 1906)

월하정인(신윤복, 18세기 후반)

인간이 느낄 수 있는 여러 감정 중에서 가장 위대한 것은 무엇일까요? 아마도 '사랑'이라고 답하는 사람이 많을 것입니다. 사랑이란 누군가를 몹시 좋아하는 상태를 말하는데, 인간이 느낄 수 있는 가장 고귀하면서도 행복한 감정 중 하나라는 점에는 대부분 동의할 것입니다. 《레미제라블》로 유명한 소설가 빅토르 위고 Victor Hugo, 1802~1885 가 이렇게 말했습니다. "인생에 있어서 가장 큰 행복은 우리가 사랑받고 있다는 확신이다." 사랑의 감정이 당사자를 가장 행복하게 만든다고 본 것입니다.

한편, 사랑은 딱히 뭐라고 정의 내리기가 힘든 감정이기도 합니다. 누구나 한 번쯤은 사랑을 경험하지만 정작 '사랑이 무엇입니까?'라는 질문에는 답하기가 쉽지 않습니다. 그냥 '사랑은 눈물의 씨앗'이라거나 '사랑은 받는 것이 아니라 주는 것'이라며 유행가

가사를 읊조릴 뿐입니다. 러시아 소설가 안톤 체호프Anton Pavlovich Chekhov, 1860~1904는 단편소설 〈사랑에 대하여〉에서 이렇게 썼습니다. "사랑은 위대한 신비라는 것, 이 말 빼고는 사람들이 사랑에 대해서 말하고 쓴 건 전부 사랑에 대해 물음표만 더할 뿐이다." 사랑은 그 속성이 신비한 것이라서 정의 내리기가 어렵고, 사람들이 정의 내리는 말을 들어보면 오히려 물음표만 생길 뿐이라는 뜻입니다. 그만큼 사랑은 '이거다'라고 단정하기 힘든 감정입니다.

사랑은 왜 정의 내리기가 어려운 것일까요? 여러 이유가 있겠지만, 개개인이 하는 사랑에 공통점이 없다는 점도 한몫하지 않았나 싶습니다. 그 점에 대해서는 체호프도 인정했습니다. 그는 이렇게 말했습니다. "사랑에는 공통분모가 없다. 하나하나의 사랑이 그 자체로 소중할 뿐이다." 사람들이 하는 하나하나의 사랑이 공통점이 없어서 딱히 정의를 내리기가 어렵다는 뜻입니다. 그럼에도 우리는 눈앞의 연인들이 서로 사랑하고 있는지, 아니면 사랑이 식었는지는 어렵지 않게 알아차릴 수 있습니다. 이 대목에서 사랑의 감정이 물씬 묻어나는 그림을 감상해보겠습니다.

보기만 해도 사랑의 기운이 전해지는 이 그림은 영국의 역사화가인 로렌스 알마 타데마Lawrence Alma Tadema, 1836~1912의 〈더 이상 묻지 마세요Ask me no more〉라는 작품입니다. 현란할 정도로 화려한 색채와 사실적 표현으로 고대 그리스, 로마, 이집트의 역사적 장면이나 풍속을 즐겨 그렸던 알마 타데마는 사랑의 장면을 묘사한 작품에서도 낭만적인 로맨스가 생생하게 전해지도록 그렸습니다. 푸

로렌스 알마 타데마, 〈더 이상 묻지 마세요〉
1906

른 바다가 내려다보이는 테라스에는 한 쌍의 남녀가 애정행각을 벌이고 있습니다. 그들은 사랑을 시작한 지 얼마 되지 않은 듯 보입니다. 여인의 손등에 키스를 하고 있는 남성의 표정은 순수하고 진지합니다. 여인은 남성이 전해준 꽃다발을 옆에 두고 수줍은 듯 고개를 돌린 채 손등만 살며시 내어주고 있습니다. 그녀의 볼은 부끄러움으로 살짝 홍조를 띤 상태입니다. 푸른 하늘빛, 백색 대리석으로 꾸며진 테라스, 밝은 파스텔톤의 복장에서 시원한 청량감이 느껴집니다. 아마도 화가는 사랑의 감정이 그러하다고 본 듯합니다. 하늘은 푸르고 바다는 시원하고 연인들은 풋풋합니다. 전체적으로 밝고 낭만적인 사랑의 느낌이 물씬 풍깁니다.

그림의 제목에도 눈길이 갑니다. "더 이상 묻지 마세요." 뭘 묻지 말라는 것일까요? 추측컨대, 남성의 구애에 대한 여인의 답변을 묻지 말라는 뜻으로 읽힙니다. 적극적인 남성과 달리 여성의 반응은 소극적입니다. 그렇다고 해서 그녀가 남성을 거부하고 있는 것은 아닙니다. 그녀도 나름의 방식으로 의사를 표하고 있습니다. 살며시 내민 손이 그녀의 답변입니다. 그러니 굳이 입을 열어서 말을 전해야 하는 것은 아닙니다. 그녀는 이미 몸짓으로 대답을 전했습니다. 그것이 그녀만의 사랑 방식입니다.

사랑을 표현한 작품을 하나 더 보겠습니다. 이번에는 우리에게 익숙한, 한국식 사랑입니다. 18세기 후반에 그린 혜원蕙園 신윤복申潤福, 1758~?의 풍속화 〈월하정인月下情人〉입니다. 초승달이 떠 있는 야심한 밤에 어느 길모퉁이의 담장 옆에서 젊은 남녀가 은밀

신윤복, 〈월하정인〉
18세기 후반

한 만남을 가지고 있습니다. 앞서 본 알마 타데마의 그림과는 분위기가 사뭇 다릅니다. 두 사람의 모습에서 왠지 비밀스러움과 애틋함이 묻어납니다. 그들은 왜 굳이 대낮이 아닌 한밤중에 만났을까요? 피치 못할 사정이 있을 테지요. 그림 속 남성은 머리에 갓을 쓰고 있어서 이미 결혼을 한 상태로 보입니다. 아마도 그는 야심한 밤을 틈타 집안 어른들의 눈을 피해 정인情人을 만나러 나왔을 것입니다. 쓰개치마를 둘러 쓴 여인 또한 차림새로 보아 쉽지 않은 발걸음을 한 것으로 보입니다. 여인의 얇은 눈썹을 닮은 가느다란 달빛이 담 모퉁이의 남녀를 희미하게 비추어주기에 분위기는 사뭇 비장합니다.

남녀는 지금 무슨 말을 주고받는 것일까요? 두 사람의 사연을 알 길은 없습니다. 다만 동양화의 특징답게 화가는 왼쪽 담벼락에 짧은 시를 남겨두었습니다. 이렇게 적혀 있네요. "달은 기울어 밤 깊은 삼경인데 두 사람의 마음이야 둘만이 알겠지月沈沈夜三更 兩人心事兩人知." 화가의 힌트가 그리 친절하지는 않습니다. 보는 사람이 알아서 상상력을 발휘하라는 배려일 수도 있습니다. 달빛 아래 두 남녀에게서 애틋한 서정과 은근한 로맨스, 비밀스러움 등이 물씬 풍겨납니다. 이 그림 또한 사랑의 감정을 감상하기에는 부족함이 없습니다.

지금까지 대비되는 두 가지 유형의 사랑을 살펴보았습니다. 알마 타데마의 〈더 이상 묻지 마세요〉는 밝고 청순하고 낭만적입니다. 반면 신윤복의 〈월하정인〉은 비밀스럽고 애틋하고 비장합니다. 어느 쪽의 사랑이 더 나은 방식일까요? 여기에는 정답이 없습니다. 이성복 시인이 "방법을 가진 사랑은 사랑이 아니다"라고 단언한 바 있듯이, 사랑은 이렇게 하는 게 옳다고 말할 만한, 정해진 방법이나 정답 같은 것은 존재하지 않습니다. 또한 남의 방식을 흉내 내어서는 진정한 사랑을 맛볼 수 없습니다. 로미오와 줄리엣의 사랑이 멋있어 보인다고 해서 그대로 따라 해본들 그들의 감정을 똑같이 체험할 수는 없습니다. 따라서 각자 자기 방식대로 사랑을 하면 됩니다. 〈더 이상 묻지 마세요〉의 방식도 사랑이고, 〈월하정인〉의 모습도 사랑인 것은 분명합니다.

그럼에도 사람들은 사랑에 대해 선입견을 갖는 경우가 많습니다. 사랑에 빠지는 속도가 빠를수록 낭만적이라고 보는 경향입니다. 셰익스피어의 희곡 〈로미오와 줄리엣〉에 나오는 두 주인공처럼 첫 만남에 눈에 불꽃이 튀어 열렬히 사랑에 빠지는 경우를 낭만적인 사랑의 전형으로 생각하는 경우입니다. 이는 사랑의 전개 속도가 매우 빠른 경우라 하겠습니다. 반면에 진행 속도가 매우 느린 사랑도 있습니다. 요즘 용어로 말하면, '남사친' '여사친'이 여기에 해당합니다. 남사친 여사친은 '남자사람친구' '여자사람친구'를 뜻하는 말로, 알고 지낸 지는 오래되었지만 연인 사이로 발전하지 않은 이성 친구를 지칭하는 표현입니다. 생물학적으로는 분명 이성이지만 좀처럼 떨림이 생기지 않는 사이입니다. 그러다가 간혹 뒤늦게 연인으로 발전하기도 합니다. 첫눈에 반한 사랑과는 달리 전개 속도가 아주 느린 경우라 하겠습니다.

사람들은 로미오와 줄리엣처럼 첫눈에 반한 사랑과 남사친 여사친처럼 진행 속도가 더딘 사랑 중에서 어느 쪽을 선호할까요? 대체로 진행 속도가 느린 사랑보다는 첫눈에 반한 사람과 불타는 사랑을 꿈꾸는 경우가 더 많습니다. 남사친 여사친처럼 진행이 더딘 경우에는 아무래도 사랑의 감정을 느끼기가 힘듭니다. 그런 상태라면 상대에 대한 감정이 사랑인지 우정인지 헷갈릴 때도 있습니다. 반면, 첫눈에 반한 상대에게는 사랑의 감정이 순식간에 불타오릅니다. 바싹 마른 장작에 불꽃이 튄 것처럼 활활 타오릅니다.

　　불타는 사랑에 빠진 사람은 평소에는 느껴보지 못했던, 그리고 말로는 표현하기 힘든 복잡미묘한 감정을 경험하게 됩니다. 한번 생각해보시죠. 첫눈에 반한 상대와 사랑에 빠져서 특별한 감정 상태를 경험하고 있는 사람의 삶은 어떠할까요? 사랑에 빠진 그 사람은 지금 행복한 삶을 살고 있는 걸까요? 이 대목이 조금 미묘한 지점입니다. 흔히 사람들은 불타는 사랑에 빠진 사람이 막연히 행복할 것이라고 생각하지만 반드시 그렇지만은 않습니다. 사랑에 빠진 사람이 느끼는 감정과 실제 현실은 다른 경우가 많기 때문입니다.

　　뜨겁게 불타오른 사랑의 감정은 종종 당사자들을 눈 멀게 만들기도 합니다. 그 결과 사랑에 빠진 그들은 현실을 왜곡해서 바라보게 됩니다. 사랑에 빠진 그들은 감정 상태로만 보면 희극처럼 보이지만, 실제 현실은 비극인 경우도 많습니다. 사랑 때문에 현실의 삶은 불안정하고 위태로운 상황에 처하기도 합니다. 로미오와 줄리엣도 그랬잖아요. 그럼에도 당사자들은 그러한 현실에 크게 개의치 않습니다. 사랑의 감정이 이미 그들의 눈을 멀게 만들었기 때문입니다.

사람들은 사랑 때문에 현실을 자기 식대로 보는 상태를 두고 "눈에 콩깍지가 씌었다"라고 표현하기도 합니다. 눈에 콩깍지가 씌어 현실을 제대로 바라보지 못하는 상태, 이것이 바로 사랑입니다. 그렇기 때문에 다른 사람의 눈에는 그들의 사랑이 이해되지 않습니다. 이렇게 이해하기 힘든 사랑을 제대로 알기 위해서는 《사랑에 관한 연구》라는 책을 쓴 스페인 철학자 오르테가Ortega y Gasset, 1883~1955를 만나볼 필요가 있습니다. 오르테가는 특이한 철학자입니다. 왜냐하면 사랑이라는 주제로 철학을 하면 약간 가벼운 학자처럼 보일 수 있거든요. 하지만 오르테가는 "모름지기 철학자라면 그 시대의 사랑을 진단할 의무가 있고, 사랑의 가치와 나아갈 길을 제시해야 한다"면서 사랑에 대해 깊이 연구한 끝에 《사랑에 관한 연구》라는 책을 썼습니다.

오르테가는 사랑을 어떻게 정의 내렸을까요? 그는 사랑이 지적 활동이 아니라 감정적 활동이라고 주장했습니다. 사랑은 머리로 계산하고 예측하는 활동이 아니라 마음속 감정이 이끄는대로 끌려가는 활동이라는 것입니다. 그래서 오르테가는 사랑의 본질을 "대상을 향한 활동이며, 그 대상에 빠지는 상태"라고 보았습니다. 오르테가의 주장처럼 사랑은 대상을 향한 활동이기에 사랑을 하려면 대상에 집중해야 하는데, 이 상태가 바로 "빠짐"이며 이것이 바로 사랑의 본질이라는 것입니다.

사랑에 빠진 사람, 즉 누군가에게 집중하여 빠짐의 상태에 처한 사람은 그전보다 감정이 풍부해질까요, 아니면 협소해질까요? 흔히 사람들은 사랑에 빠진 상태가 되면 감정이 풍부해지고 삶이 고조된다고 생각합니다. 하지만 실제로는 전혀 그렇지 않습니다. 어딘가에 집중한다는 것은 다른 것에는 신경을 쓰지 않고 한 가지에만 모든 것을 쏟아붓는 행위를 말하잖아요. 누군가와 사랑에 빠지면, 그 사람에게만 집중하게 되어 나머지는 배경으로 밀려나고 맙니다. 그래서 사랑에 빠지면 전체적인 삶이 풍부해지는 것이 아니라 오히려 협소해집니다. 이처럼 한 가지에 광적으로 집중하는 사람을 편집광偏執狂이라고 부르는데, 사랑에 빠진 사람도 어느 정도는 편집광과 같은 상태가 됩니다. 그래서 사랑에 제대로 빠진 사람은 가족이나 친구도 눈에 보이지 않는 경우가 많습니다. 눈과 귀가 사랑하는 사람에게만 광적으로 집중하고 있기 때문입니다. 로미오와 줄리엣이 가족은 안중에 두지 않은 채 사랑에만 몰두했던 것도 바로 그런 이유 때문입니다.

　　이처럼 사랑에 빠지면 대상에 집중하기 때문에 몰입감을 경험합니다. 이러한 몰입감은 당사자에게 삶이 고조되는 느낌을 주기도 하고 황홀한 감정에 젖어 들게 만듭니다. 그 결과, 사랑에 빠진 당사자는 정신적 삶이 풍부해진다고 느낍니다. 하지만 실제로는 정반대가 됩니다. 사랑에 빠지면, 지금까지 자신과 관계되었던 많은 것들을 배제하기 시작하면서 의식은 자꾸 좁아지고 단순해집니다. 마치 최면에 걸린 것처럼, 의식이 한 사람에게만 사로잡혀 있기 때문입니다. 오르테가는 사랑에 빠진 사람에게 세상은 존재하지도 않는다고 주장했습니다. "진정한 의미에서 사랑에 빠진 사람에게 세상은 존재하지 않는다. 사랑하는 사람이 그것을 대체해 버리기 때문이다." 이처럼 사랑은 상대와 세상을 맞바꾸는 무모한 교환이기도 합니다. 상대를 얻고 세상을 버리는 행위이기도 하거든요. 최면 상태가 아니고서는 하기 힘든 무모한 행위입니다.

오르테가는 "사랑이 아주 고귀한 행위인 동시에 인간이 저지를 수 있는 가장 낮은 행위"라고 주장했습니다. 그에 따르면, 온전한 사랑을 하려면 정신이 가장 낮은 상태, 일종의 백치 상태가 된다는 것을 인정해야 한다고 했습니다. 사랑을 얻는 대신 나머지 세상을 모두 버릴 수도 있기 때문입니다. 사랑의 이러한 속성 때문에 사랑에 빠지면 평소라면 절대 하지 않았을 무모한 행동도 감행합니다. 상대를 위해 세상을 맞바꾸는 모험도 불사합니다. 그러니 백치 상태라 해도 크게 틀린 말은 아닙니다. 이처럼 사랑에는 양면이 동시에 존재합니다. 불타는 사랑은 당사자에게 더 없는 황홀감을 주지만 한편으로는 정신적 백치 상태가 되는 위험도 도사리고 있습니다.

다시 앞의 그림으로 눈길을 돌려보겠습니다. 알마 타데마의 그림 속 남녀는 지금 막 사랑의 감정이 불타오르려 하고 있습니다. 여성의 손등에 키스를 하면서 구애를 하고 있는 남성은 여성에게 빠져서 그녀에게 집중하고 있습니다. 지금 남성의 머릿속에는 온통 그녀 생각으로 가득 차 있습니다. 남성은 그녀의 답변이 궁금합니다. "더 이상 묻지 마세요"라는 대답으로는 성에 차지 않습니다.

남성은 그녀로부터 'yes'라는 응답만 얻을 수 있다면 세상을 버릴 수도 있습니다.

〈월하정인〉 속 남녀는 어떤가요? 그들은 지금 위험한 사랑을 감행하고 있습니다. 만약 둘의 관계가 발각되는 경우에는 남녀 모두 난처한 상황에 빠질 수도 있습니다. 가족이나 집안 등 기존의 사회적 질서에서 매장될 위험도 다분합니다. 하지만 그럼에도 그들은 만날 수밖에 없습니다. 그만큼 상대에 대한 감정이 뜨겁고 애틋하기 때문입니다. 어쩌면 지금 남성은 "아무도 없는 곳에서 단둘이만 살자"면서 여성을 유혹하고 있는지 모릅니다. 사랑만 얻을 수 있다면 세상마저 버릴 각오입니다. 현실을 감안하면 말도 되지 않는 위험한 제안이지만 여성도 마음이 흔들리기는 매한가지입니다. 그만큼 상대를 향한 그들의 감정이 애틋합니다. 두 사람의 사랑은 앞으로 어떻게 전개될까요? 각자 상상에 맡기겠습니다.

이렇듯 열정적인 사랑에는 항상 위험이 따르는 법입니다. 사랑은 놀이공원에서 롤러코스터 타는 것과 비슷합니다. 롤러코스터는 위험할수록 짜릿하잖아요. 사랑의 강도도 위험성과 관련이 있습니다. 위험한 사랑일수록 짜릿합니다. 그래서 위험할수록 더 뜨겁게 불타오르죠. 세상에 공짜란 없다는 말은 사랑에도 적용되는 법칙입니다. 안전하면서도 뜨거운 사랑은 없습니다. 손쉽고 안전한 사랑에서는 열정과 희열을 맛볼 수 없습니다. 반면 위험과 고난이 따를수록 사랑의 열매는 더욱 달콤합니다. 여러분은 어떠한 사랑을 꿈꾸시나요? 스스로에게 한 번 물어보는 것은 어떨까요?

03

Beauty

아름다움

완벽한 외모는 감상의 대상일 뿐
사랑의 대상이 아니다

모나리자(레오나르도 다빈치, 1503~1506)

진주 귀걸이를 한 소녀(베르메르, 1665년경)

잔느 에뷔테른느(모딜리아니, 1919~1920)

무릎을 구부려 앉아 있는 여인(에곤 쉴레, 1917)

인간은 기본적으로 진선미를 추구하는 존재입니다. 그중에서
도 미에 대한 욕망이 으뜸이라 할 수 있습니다. 진, 즉 참된 진리에
대한 욕구는 보편적이지 않습니다. 대부분의 사람들은 진리를 알
기 위한 공부를 좋아하지는 않거든요. 선에 대해서도 마찬가지입
니다. 사람들은 선하게 사는 것이 중요하다고 말하지만 일상에서
선한 삶을 실천하기란 생각처럼 쉽지 않습니다. 하지만 미에 대한
욕망, 즉 아름다움을 추구하는 일에는 수고를 마다하지 않습니다.
아름다움에 대한 욕망은 모든 사람이 가지는 공통적이면서도 보편
적인 욕구이기 때문입니다. 남성 중에서 아프로디테와 같은 미인
을 마다할 사람이 누가 있으며, 조각 같은 미남을 흠모하지 않을
여인도 찾아보기 어렵습니다. 인간의 본능과 이성은 본래부터 아
름다움을 향하도록 설계되어 있는지도 모릅니다. 그 때문인지 미

술사에서도 아름다움을 표현한 그림이 수도 없이 많습니다. 대표적인 그림 몇 개만 살펴보기로 하겠습니다.

르네상스 시대를 대표하는 레오나르도 다빈치 Leonardo da Vinci, 1452~1519 의 〈모나리자 Mona Lisa〉는, 워낙 유명한 작품이기에 추가적인 설명조차 필요 없을 정도입니다. 그 다음으로 네덜란드 출신의 화가 요하네스 베르메르 Johannes Vermeer, 1632~1675 의 〈진주 귀걸이를 한 소녀 Meisje met de parel〉가 있습니다. 〈모나리자〉가 세계에서 가장 '유명한' 초상화라면 〈진주 귀걸이를 한 소녀〉는 사람들이 가장 '좋아하는' 초상화라 할 수 있습니다. 두 작품은 모두 여인의 아름다움을 표현하고 있는데 둘의 느낌은 조금 다릅니다.

먼저 다빈치의 〈모나리자〉를 감상해보겠습니다. 지금은 프랑스 파리의 루브르박물관에 전시되어 있습니다. 〈모나리자〉는 전 세계에서 가장 널리 알려져 있고, 실물을 직접 보기 위한 가장 많은 방문객을 불러모으는 작품으로 유명합니다. 미술품 중에서 가장 많이 언급되고, 가장 많이 노래되고, 가장 많이 패러디된 예술작품입니다. 그림의 중앙에는 희미하게 미소짓고 있는 여인이 단정하게 앉은 모습을 하고 있는데, 다빈치는 색깔과 색깔 사이의 경계선을 명확하게 구분하지 않고 연기처럼 부드러운 음영으로 표현하는 스푸마토 sfumato 기법을 사용하여 전체적으로 오묘함과 깊이를 더해줍니다. 눈썹이 없는 얼굴이지만 얼굴의 가로 세로 비율 및 이마와 코와 턱까지의 비율 등이 균형 잡혀서 전체적으로는 안정감이 느껴집니다. 그 때문인지 관람객들은 '모나리자의 미소'라

레오나르도 다빈치, 〈모나리자〉
1503~1506

요하네스 베르메르, 〈진주 귀걸이를 한 소녀〉
1665년경

는 신비스러움에 몰입하게 됩니다. 화면의 구도도 가장 기본적인 초상화 구도인 피라미드 형태를 띠고 있으며, 인물을 배경보다 높이 배치함으로써 전체 화면에서 여성의 자태가 더욱 도드라지게 묘사하였습니다.

베르메르의 〈진주 귀걸이를 한 소녀〉 또한 묘한 매력을 발산하는 그림입니다. 베르메르 특유의 미묘한 빛과 단순하지만 조화로운 구성, 선명한 색채를 특징으로 하는 이 그림은 "북유럽의 모나리자" 또는 "네덜란드의 모나리자"라고 불리기도 합니다. 소녀 또한 모나리자와 같이 눈썹이 없는 것이 특징적인데, 전혀 어색하지는 않습니다. 그림 속에는 머리에 터번을 두르고 진주 귀걸이를 한 소녀가 왼쪽 어깨를 틀어서 정면을 응시하는 자세를 취하고 있습니다. 검정색 배경과 대비되는 밝은 피부색과 큰 눈동자, 약간 벌어진 붉은 입술, 무심한 듯 앞을 바라보는 시선과 표정에서 관능미와 신비스러움이 느껴집니다. 다빈치의 〈모나리자〉와는 분위기가 사뭇 다르지만 색다른 아름다움을 맛볼 수 있는 그림입니다.

사람들은 왜 다빈치의 〈모나리자〉나 베르메르의 〈진주 귀걸이를 한 소녀〉의 그림에 매료되는 것일까요? 그 이유는 우리 인간이 본질적으로 아름다움을 추구하는 존재이기 때문입니다. 그리스 신화에는 제우스를 비롯한 올림푸스 12신이 등장하는데, 그중에서 미와 사랑을 관장하는 여신이 있습니다. 바로 아프로디테입니다. 아프로디테는 아름다움과 사랑의 욕망을 관장하는 여신입니다. 이것만 보더라도 아름다움과 사랑은 매우 관련성이 높습니다. 아프로디테의 아들 중에는 에로스^{Eros}가 있는데, 그도 '사랑의 신'이라 불립니다. 에로스를 로마 신화에서는 큐피드^{Cupid}라 부르며, 에로스와 큐피드는 둘 다 욕망^{desire}을 상징하는 단어에서 유래한 말입니다. 즉 '아름다움에 대한 욕망이 사랑을 불러일으킨다'는 의미로 해석할 수 있습니다.

굳이 신화의 힘을 빌리지 않더라도 우리는 현실에서 아름다운 사람일수록 이성에게 구애를 받을 확률이 높다는 사실을 잘 알고 있습니다. 그래서 대부분의 사람은 자신의 외모를 아름답게 만들려고 노력합니다. 오르테가는 "사랑은 미를 잉태하려는 열망이다"라는 플라톤의 말을 인용하면서 "사랑은 보다 절대적인 대상을 향한 여정"이라고 주장했습니다. 이 말은 사랑이 보다 아름다운 대상을 찾아가는 행위라는 뜻입니다. 대체로 사람은 아름다운 상대일수록 관심이 더 많이 가고 끌리는 경향이 있습니다. 남성의 경우, 길에서 아름다운 여성이 지나가면 자신도 모르게 시선이 그쪽으로 따라가는 경우가 있는데, 이는 아름다움을 갈망하는 본능이 이끄는 자연스러운 현상입니다.

아름다움과 사랑이 깊은 관련이 있다면 아름다운 외모를 가진 사람은 모두 사랑에 성공했을까요? 다시 말해 아름다울수록 사랑을 하는 데 있어 더 유리할까요? 단순하게 생각하면, 외모가 뛰어날수록 이성의 관심을 끄는 데 유리할 것이고, 그 결과 사랑에 이를 확률도 높을 것입니다. 만약 그렇지 않다면, 사람들이 그렇게 시간과 돈을 들여서 외모를 가꾸는 데 투자하지는 않을 것입니다.

'아름다움이 곧 사랑의 성공'이라는 등식이 항상 성립한다면, 이는 대다수 평범한 외모의 소유자들에게는 무척이나 억울한 일일 것입니다. 그런데 다행히도 인류의 역사에서 미인이 사랑에 성공했다는 기록은 별로 없습니다. 오히려 미인일수록 운명이 기구하고 팔자가 사납다는 기록이 더 많습니다.

미인박명美人薄命이란 고사성어를 들어본 적이 있을 것입니다. 이 표현은 송나라 시인 소동파의 〈가인박명佳人薄命〉이란 시에서 유래한 말인데, 여기서 가인佳人은 미인을 뜻합니다. 박명薄命은 목숨이 짧다는 뜻 외에도 '운명이 박하다' '팔자가 사납다'라는 의미가 있습니다. 따라서 미인박명(가인박명)이란, 미인은 수명이 짧고 운명이 순탄치 않아서 불행에 빠지기 쉽다는 뜻입니다. 그 밖에 경국지색傾国之色이란 표현도 있습니다. 경국지색은 '나라를 기울게 할 만큼 아름다운 미인'이란 뜻인데, 역사에서는 미인 때문에 나라를 망친 사례도 많습니다. 동양에서는 춘추시대 오나라를 멸망에 빠뜨린 '서시'나 당나라 현종의 판단력을 흐리게 만든 '양귀비' 등은 모두 경국지색이라고 불릴 만합니다.

서양의 경국지색으로는 '클레오파트라'가 있습니다. 클레오파트라에게는 다음과 같은 유명한 말이 항상 따라 다닙니다. "클레오파트라의 코가 1㎝만 낮았어도 세계 역사는 달라졌을 것이다." 이 표현은 프랑스 철학자 파스칼Blaise Pascal, 1623~1662이 《팡세》에서 한 말인데, 그녀의 외모가 역사를 바꿀 정도로 아름다웠다는 뜻입니다. 하지만 그토록 아름다운 외모를 가진 클레오파트라도 사랑에는 성공한 것 같지 않습니다. 이집트 프톨레마이오스 왕가 출신인 클레오파트라는 로마의 영웅 카이사르, 안토니우스와 사랑을 나누었지만, 그들의 사랑은 서로 간의 연정憐情에서 시작된 것이 아니라 다분히 정략적인 선택이었습니다. 로마가 대제국으로 성장하여 이집트를 압박하는 상황에서 왕위에 오른 그녀가 자신의 왕가와 나라를 지키기 위한 외교술의 일환으로 선택한 사랑이었습니다. 결과도 좋지 못했습니다. 그녀와 사랑을 나누었던 카이사르와 안토니우스는 둘 다 처참한 최후를 맞았고, 본인도 독뱀에 물려 자결함으로써 생을 마감했거든요. 요컨대, 아름다운 외모가 곧 사랑의 성공으로 이어진다는 보장은 없습니다.

　물론 아름다운 외모가 이성의 시선을 사로잡는 데는 분명 유리한 면이 있습니다. 하지만 시선이 곧 사랑은 아닙니다. 현실에서는 아름다운 외모 때문에 사랑에 실패하는 경우도 많습니다. 당대 최고의 할리우드 스타였던 마릴린 먼로도 뭇 남성들과 관계를 맺었지만 정작 사랑에 성공하지는 못했습니다. 그녀와 관계를 맺었던 남성들은 그녀를 성적 파트너로만 취급했을 뿐 정신적인 교류나 영혼의 교감을 이룬 적은 없었거든요. 결국 그녀는 온갖 파란곡절을 겪다가 "나는 한 번도 행복한 적이 없었다"는 말을 남긴 채 36세의 짧은 생을 마감하고 맙니다. 전 세계 남성들을 열광시켰던 그녀의 아름다움은 단지 욕망의 대상이었을 뿐, 진정한 사랑을 위한 기제로 작용하지는 않았습니다. 그녀에게는 자신의 아름다움이 오히려 사랑의 장애물로 작용한 셈입니다.

아름다운 외모는 사랑을 시작하는 계기를 만들어주기는 하지만 사랑을 완성시켜주는 요소는 아닙니다. 아름다운 외모의 소유자는 그것 때문에 많은 것을 얻기도 하지만 그 아름다움 때문에 나머지 요소를 제대로 평가받지 못하는 경우도 왕왕 있습니다. 강성한 로마에 맞서 나라를 지키기 위해 눈물겨운 외교술을 펼쳤던 클레오파트라를 두고 오늘날 사람들이 미와 색으로 남자를 홀리는 치명적인 팜므파탈의 이미지를 떠올리는 것도 그녀의 아름다운 외모가 만들어낸 부정적 효과이기도 합니다.

사람들은 흔히 이성의 아름다움 속에 사랑의 감정이 숨어 있다고 생각하는데, 절대 그렇지 않습니다. 여기서 한번 생각해보시죠. 사람들은 이성이 가진 장점과 결점 중에서 어느 부분에서 더 많이 끌릴까요? 사람들은 이성이 가진 장점에 매혹된다고 생각하지만 실제로는 결점에 끌리는 경우가 더 많습니다. 독일의 철학자이자 평론가인 발터 벤야민Walter Bendix Schonflies Benjamin, 1892~1940은 사람의 마음을 사로잡는 것은 애인의 아름다움이 아니라 결점이라면서 이렇게 주장했습니다. "(사랑의) 감정은 사랑하는 육체의 그늘진 주름살, 투박한 몸짓, 그리고 눈에 잘 띄지 않는 결점을 찾아 그 안으로 숨어들어가 안전하게 은신처에서 몸을 움츠린다. 사모하는 사람에게 순식간에 일어나는 사랑의 떨림은 바로 거기, 결점이 되고 비난거리가 될 만한 것 안에 둥우리를 틀고 있다는 사실을 지나가는 사람은 아무도 알아채지 못한다." 그에 따르면, 사랑의 떨림은 상대의 아름다움이 아니라 눈에 잘 띄지 않는 결점에서 시작됩니다. 물론 그 결점은 다른 사람은 잘 모르고 나만 알고 있는 것입니다. 그래서 그녀(또는 그)는 다른 사람과 달리 나에게는 특별한 사람입니다. 내가 그녀를 사랑하는 이유는 그녀의 외모가 아름다워서가 아니라 나만 알고 있는 그녀의 결점이 있고, 그 결점에도 불구하고 마음이 끌리기 때문입니다.

여성의 아름다움을 그린 두 편의 '모나리자'와는 사뭇 느낌이 다른 그림을 감상하도록 하겠습니다.

다음 페이지의 그림은 이탈리아 태생으로 파리에서 활동한 조각가이자 화가인 모딜리아니^{Amedeo Modigliani, 1884~1920}의 〈잔느 에뷔테른느^{Jeanne Hebuterne}〉라는 그림입니다. 당대 최고의 미남으로 뭇 여성들의 선망의 대상이 되기도 했던 정열적인 화가 모딜리아니가 마지막까지 사랑했던 약혼녀를 그린 그림입니다. 다른 하나는 오스트리아의 초현실주의 화가인 에곤 쉴레^{Egon Schiele, 1890~1918}의 〈무릎을 구부려 앉아 있는 여인^{Seated Woman with Bent Knee}〉입니다. 그림 속 여성은 쉴레의 동거 애인이자 모델인 발리 노이칠입니다. 도발적이고 요염한 면을 지닌 그녀는 원래 화가 클림트의 모델이었다가 쉴레의 모델이 되었고, 둘은 쉴레가 결혼할 때까지 함께 살았습니다. 그녀는 쉴레 그림에서 에로틱한 환상을 불러일으키는 원천이었습니다.

두 사람의 그림을 보면 어떤 느낌이 드나요? 다빈치와 베르메르의 그림에서 보았던 아름다움이 느껴지나요? 그림 속 모습으로만 평가를 하면, 모딜리아니와 쉴레의 그림 속 주인공은 세속적

잔느 에뷔테른느
모딜리아니, 1919~1920

무릎을 구부려 앉아 있는 여인
에곤 쉴레, 1917

인 미의 기준과는 거리가 멀어 보입니다. 하지만 그녀들은 분명 화가의 사랑을 듬뿍 받았던 인물이며, 화가는 그들에게서 나름의 아름다움을 발견했습니다. 다른 사람이 보기에는 '왜 저렇게 그렸을까?' 하는 의문이 들기는 하지만 말이죠.

사람들은 흔히 상대가 아름다울수록 사랑이 불타오른다고 생각하는데, 이는 사랑을 잘 모르는 하수의 관점입니다. 스페인 철학자 오르테가는 《사랑에 관한 연구》에 이렇게 적었습니다. "나는 외모가 완벽한 여자를 남자들이 오히려 진심으로 사랑하지 않는 것을 많이 보아왔다. 정확히 말하면 진심이 생기지 않는 것이다. 어떤 사회든지 '공개적인 아름다움'이란 것이 있다. 연극이나 파티에서 사람들이 엄지손가락을 드는 그런 얼굴 말이다. 그런 여자들에 대해 이상하게도 남자들은 개인적이고 진지한 애정을 주려 하지 않는다." 사람들이 이성을 고를 때 외모를 고려하지 않는 경우는 거의 없지만, 그렇다고 완벽한 외모의 소유자를 사랑하는 경우는 극히 드뭅니다. 오르테가가 지적했듯이, "외모가 완벽한 여자를 남자들이 오히려 진심으로 사랑하지 않는" 경우가 더 많습니다.

외모가 너무 완벽하면 사랑에는 불리한 조건으로 작용하기도 합니다. 오르테가는 완벽한 외모가 갖는 부정적 효과를 이렇게 설명했습니다. "그런 (완벽한) 아름다움은 형식적인 아름다움이어서 그 여자를 예술의 객체화된 대상으로 인식하게 하고 그래서 거리감을 느끼게 한다. 그녀는 하나의 감상의 대상이 될지는 몰라도 사랑의 대상은 아니다." 바비인형처럼 완벽한 외모의 여성은 "감상의 대상이 될지는 몰라도 사랑의 대상은 아"닙니다. 외모가 완벽한 그녀에게 뭇남성들이 눈길을 보내는 이유는 감상을 하기 위함이지 사랑을 하기 위함이 아닙니다(소주병에 예쁜 여자 연예인 사진을 붙여놓은 것도 그냥 보기만 하라는 것이지 사랑하라는 뜻은 결코 아니지요). 그래서 눈길만 보낼 뿐 가까이 다가서지는 않습니다. 항상 거리감을 두고 관찰할 뿐 진지한 애정을 주지 않습니다. 애인 상대로는 '오케이!'일지 모르지만 결혼은 '글쎄요?'입니다. 그녀는 관찰 대상일 뿐 사랑의 대상은 아니기 때문입니다.

결국 완벽한 아름다움은 사랑의 대상이 아닌 관조의 대상인 경우가 더 많습니다. 여신 아프로디테를 보고 '사귀고 싶다'는 생각을 갖기란 쉽지 않습니다. 아름다움의 전형이라 할 수 있는 다빈치의 〈모나리자〉를 보고 연정이 생기지 않는 것도 비슷한 이치입니다. '만인의 연인'이라 불렸던 마릴린 먼로가 정작 사랑에 실패한 이유도 이와 마찬가지입니다. 모두의 연인은 어느 누구에게도 연인이 될 수 없습니다. 물이 너무 맑으면 고기가 없듯이, 결점 없이 완벽한 외모에는 사랑의 감정이 비집고 들어갈 틈이 없습니다.

사실 외모는 이성을 선택하는 데 있어서 중요한 요소이긴 합니다. 사람은 가급적 예쁜 상대에게 호감이 생기고 사랑의 감정이 싹트기 마련입니다. 하지만 그건 어디까지나 어느 정도까지만 그렇습니다. 물론 못생긴 외모는 사랑을 하는 데 있어 불리하게 작용하기도 합니다. 하지만 지나치게 빼어난 외모도 역효과를 유발합니다. 완벽한 외모는 거리감을 만들어서 상대로 하여금 진지하게

다가서려는 마음을 얼어붙게 만들기 쉽습니다. 결국 사랑에 있어 외모는 결정적인 요소가 아닙니다. 외모는 사랑의 감정을 유발하는 단 하나의 요소에 불과합니다. 사랑의 감정은 단지 외모의 우월성만으로 촉발되지 않습니다. 발터 벤야민이 "사랑의 감정은 상대방의 결점 속에 둥우리를 튼다"고 말했듯이, 때로는 상대방의 단점 속에서도 진지한 사랑의 감정이 생겨날 수도 있습니다. 또한 그러한 사랑이 진정한 사랑이라 할 수 있습니다. 따라서 완벽한 외모에 집착하는 '외모 지상주의'는 지양해야 할 태도입니다. 그런 사람은 사랑의 대상이 아니라 엔조이enjoy할 대상을 찾고 있을 확률이 높습니다.

더불어 지나치게 완벽한 외모를 가지려고 노력할 필요가 없습니다. 그러한 노력의 결과는 진지한 구애자가 아니라 바람둥이를 불러 모을 가능성이 높기 때문입니다. 따라서 우리가 추구해야 할 것은 아름다운 외모가 아닙니다. 나의 결점에도 불구하고 나를 사랑해줄 수 있도록 전반적인 매력도를 높이는 것이 더 중요합니다. 그렇게만 되면 나의 결점이 오히려 상대에게 더 끌림을 줄 수 있습니다. 혹시라도 연인과 함께 미술관에 가서 다빈치의 〈모나리자〉나 베르메르의 〈진주 귀걸이를 한 소녀〉를 보고서 '우리 애인은 왜 저런 외모를 갖지 못했을까?' 하면서 비교하는 일은 없었으면 합니다. 또, 완벽한 외모를 가진 사람을 이상형으로 설정하는 우愚를 범하지 말았으면 합니다. 세상에는 완전한 아름다움이 존재하지 않으며, 완벽한 외모는 사랑의 대상이 아니기 때문입니다.

04

Labor

노동

노동은 신성한 것일까?

돌 깨는 사람들(귀스타브 쿠르베, 1849)

폴리 베르제르의 술집(에두아르 마네, 1881~1882)

현대인들은 참 바쁘게 삽니다. 특히 직장에 다니는 사람들은 더욱 그렇습니다. 대부분 해가 뜨기도 전에 눈을 비비고 일어나서는 아침 식사도 간편식으로 대충 때우고(?) 졸린 상태로 출근 전쟁을 치릅니다. 직장에 도착해서부터는 퇴근 시간까지 재미없는 노동을 지속합니다. 그러고는 또 다시 퇴근 전쟁을 치른 뒤 늦은 저녁식사, 의미 없는 TV 시청, 그리고 잠자리에 듭니다. 이 같은 패턴이 일주일 내내 반복됩니다. 어제와 같은 오늘이 되풀이 되고, 오늘과 같은 내일이 이어집니다.

　이러한 현대인의 일상을 보고 있으면 마치 시시포스^{Sisyphus}를 보는 것 같습니다. 시시포스는 그리스 신화에 나오는 코린토스의 왕으로, 신들을 기만한 죄로 인해 커다란 바위를 산꼭대기로 밀어올리는 형벌을 받습니다. 하지만 그 바위는 정상 근처에 다다르면 다시 아래로 굴러 떨어져버립니다. 그래서 다시 밀어 올리기를 끝없이 반복해야 합니다. 끝이 없는 일을 영원히 되풀이해야 하는 형벌을 받는 것입니다.

하루하루가 별다른 의미도 없이 반복된다는 측면에서 보자면, 오늘날 수많은 직장인도 시시포스의 형벌을 받고 있는 셈이라 하겠습니다. 하지만 어쩌겠습니까? 목구멍이 포도청인지라 그 상태라도 고마워해야 하는지도 모릅니다. 혹자는 '밥벌이의 지겨움'을 말하기도 하지만 직장마저 없는 사람에게는 배부른 소리일 수도 있으니까요. 시시포스의 노동은 형벌에 불과하지만 실직(실업)의 고통은 지옥불을 맛보는 것일 수도 있습니다.

생산성과 성과를 중요시하는 현대 자본주의에서 노동은 불가피한 일일 것입니다. 사전적 의미로 노동勞動이란 '몸을 움직여 일을 함'을 뜻하는데, 사람이 생활에 필요한 물자를 얻기 위해 육체적·정신적 노력을 들이는 행위를 말합니다. 대부분의 사람은 생활을 위해 또는 포도청인 목구멍의 요청을 거절하지 못해 이런저런 노동을 하고 있습니다. "일하지 않는 자여, 먹지도 말라"는 하느님의 말씀은 종교와 무관하게 모든 현대인에게 적용되는 절대명령이 되고 말았습니다. 그 결과, 우리는 졸린 눈을 비비며 일어나 오늘도 시시포스의 일상으로 내달려야 합니다.

그래서일까요? 그림 속에도 노동하는 장면이 자주 등장하는 편입니다. 먼저 노동을 묘사한 그림 한편 감상하시죠. 다음 페이지의 그림은 사실주의 화가로 유명한 귀스타브 쿠르베Gustave Courbet,

1819~1877 의 〈돌 깨는 사람들Les Casseurs de pierre〉입니다. 그에게는 천사를 그려달라고 요청하는 사람에게 "천사를 내 눈앞에 데려다 달라. 그러면 그려주겠다"고 대답했다는 유명한 일화가 있습니다. 천사를 본 적이 없기 때문에 그릴 수 없다는, 사실주의 화가로서의 면모가 엿보이는 대목입니다. 이 때문인지 그의 그림 또한 특이한 것도, 특별한 것도 없습니다. 나지막한 언덕을 배경으로 두 사람이 일을 하고 있습니다. 한 명은 망치로 돌을 깨고 있고, 다른 한 명은 돌을 모아서 어디론가 나르고 있습니다. 보통의 공사현장에서 흔히 볼 수 있는 장면입니다. 그의 그림에는 신화적 웅장함도, 종교적 우상도, 수려한 자연경관도, 미적인 아름다움도 등장하지 않습니다. 그저 돌을 깨고 나르는 두 명의 노동자만이 등장하고 있습니다. 심지어 우리는 그림 속 등장인물의 얼굴조차 관찰할 수 없습니다. 그들은 지금 노동을 하느라 얼굴조차 보여줄 여유가 없습니다. 그냥 죽어라 일만 하고 있습니다.

쿠르베 이전까지의 고전적 예술은 '아름다움'을 창조하는 수단이었습니다. 현실은 비록 아름답지 못하더라도 예술은 아름다워야 하고, 그것이 설령 허구나 가상이어도 상관없었지요. 아름다움을 창조하지 못하면 예술작품으로서의 가치를 인정받지 못했습니다. 하지만 쿠르베는 그러한 예술적 고정관념, 즉 예술에 대한 본질에 반기를 들었습니다. 그에게 있어 예술이란 진실을 추구하는 수단으로 "살아 있는 예술을 만드는 것"입니다. 그것이 쿠르베의 목표였습니다. 과거 예술이 가상일지라도 '아름다움'을 추구했다

귀스타브 쿠르베, 〈돌 깨는 사람들〉
1849

면, 쿠르베의 시선은 현실의 '진실'을 향했습니다.

그림 속 남자들이 일하고 있는 모습을 보면 '도대체 노동의 본질은 무엇일까' 하는 의문이 들기도 합니다. 쿠르베에 의해 예술의 본질에 대한 논쟁이 촉발되었듯이, 노동의 본질 또한 사람마다 다양한 관점을 가진 주제입니다. 큰 틀에서 구분하면, 노동은 가치 있는 활동으로 반드시 필요하다는 관점이 있는가 하면, 노동은 먹고 살기 위해 어쩔 수 없이 하는 것이어서 가능하다면 안 하는 편이 더 좋다는 입장이 대립하고 있습니다. 전자가 노동을 긍정하는 입장이라면, 후자는 노동을 부정적으로 바라보는 셈입니다.

노동을 긍정하는 사상가의 대표주자는 독일의 사회철학자 막스 베버Max Weber, 1864~1920입니다. 그는 《프로테스탄티즘의 윤리와 자본주의 정신》이란 책에서 "노동을 통한 부의 획득은 신의 축복"이라고 주장했습니다. 노동을 통해 열심히 부를 쌓는 일은 신앙의 진실성을 보여주는 일이며, 반대로 가난은 게으름의 결과이며 신에 대한 모독이라는 입장입니다. 한마디로 막스 베버는 노동을 긍정적인 행위로 본 것인데, 그에 따르면 노동을 하지 않는 실업자는 신의 명령을 어긴 불순한 사람입니다. 나중에 천벌을 받을지도 모릅니다. '노동 천국 실업 지옥'이라고 해야 할까요?

노동에 대해 부정적 입장을 견지한 사상가도 있습니다. 대표주자는 카를 마르크스Karl Marx, 1818~1883입니다. 그는 자본주의 시대의 노동은 오직 생존을 위한 도구이며, 착취의 수단일 뿐이라고 보았습니다. 마르크스에 따르면, 노동자는 노동을 통해 자본가의 배를 불려주기만 할 뿐 자신은 노동에서 철저히 소외되고 맙니다. 예컨대, 자동차를 생산하는 공장의 노동자들은 열심히 노동하여 고급 자동차를 만들었지만 정작 자신들은 그것을 타보지도 못한다는 것입니다. 노동자가 물건을 만드는 데 참여는 하지만 그 결과물로부터 소외당하고 있는 것입니다. 마르크스가 보기에 노동은 결코 신성한 활동이 아닙니다. 이 대목에서 노동을 그린 또 다른 그림을 감상해보겠습니다.

프랑스 인상파 화가인 에두아르 마네Edouard Manet, 1832~1883의 최후의 걸작이라고 평가되는 〈폴리 베르제르의 술집A Bar at the Folies-Bergère〉입니다. 마네는 파리 사람들의 생활상을 그리기 위해 카페나 클럽, 무도회 등을 자주 드나들었다고 합니다. 그림 속 배경이되는 술집 '폴리 베르제르'는 파리의 대표적인 카페로 발레에서 서커스 공연까지 다양한 볼거리를 제공하는 파리 최고의 사교장이었습니다. 그림의 중앙에는 잘 차려입은 여종업원이 손님을 상대하고 있는데, 그녀는 사람들로 가득 찬 홀 안에서 카운터와 뒤쪽의 큰 거울 사이의 좁은 공간에서 홀로 떨어져 있습니다. 거울에 비친 그녀의 뒷모습을 보면, 그녀는 지금 냉담하고 쌀쌀맞은 남성을 상대하고 있음을 알 수 있습니다.

화려하고 흥청거리는 술집 내부의 풍경과는 달리 그녀는 무표정한 얼굴을 하고 있어서 대조를 이루고 있습니다. 약간은 지치고 우울해 보이기도 하는 그녀는 확실히 주변과 분리되어 있습니다. 그녀는 지금 술자리가 빨리 끝나기만을 바라는 눈치입니다. 그

에두아르 마네, 〈폴리 베르제르의 술집〉
1881~1882

녀는 술집에 있는 다른 사람들로부터 소외되어 있으며, 이런 점에서 그녀의 옆에 놓인 술병과 다를 바가 없습니다. 그녀 또한 손님들에게는 하나의 상품에 불과할 수도 있습니다. 이처럼 술집에 있다고 해서 모두가 즐기는 것은 아닙니다. 동일한 공간 속에서도 즐기는 손님과 시중드는 접대부는 엄연히 분리됩니다. 노동을 하고 있는 종업원에게 술자리의 흥취는 결코 즐거운 것이 아닙니다. 그녀에게는 '그들(손님)만의 잔치'가 빨리 끝났으면 하는 바람뿐입니다. 술집은 기본적으로 사교와 즐거움을 위한 공간이지만 그곳에서 노동을 하고 있는 종업원의 삶에는 불행과 고통만이 가득합니다. 그녀에게 술집의 유쾌함은 차라리 고단한 삶의 무게로 다가옵니다. 마네도 마르크스와 마찬가지로 노동을 긍정적으로 바라보지 않은 셈입니다.

여러분은 노동을 긍정하고 신성시하는 막스 베버의 주장과 노동을 부정적으로 바라보는 마르크스의 주장 중 어느 쪽에 더 공감이 되나요? 아마도 개인의 상황이나 노동의 성격에 따라 평가가 달라질 것입니다. 대한민국에서도 유독 노동이 긍정적으로 평가되고 권장되던 시기가 있었습니다. 1970년대 '잘살아보세'라는 슬로건과 함께 전 국민이 '근면 · 자조 · 협동'의 정신으로 똘똘 뭉쳐 열심히 일했던 새마을운동 기간이 그랬습니다. 초기에 새마을운동은 단순히 농가소득을 높이기 위한 활동으로 시작했지만 성과를 거두면서 범국민적인 의식개혁 운동으로 확산되었습니다. 그 이후 '근면'은 한국인의 기본정신으로 자리 잡았고, 잘살기 위해서 반드시 가져야 할 덕목이 되었습니다.

지금에야 굳이 새마을운동의 정신을 강조하는 경우는 드물지만, '근면성'만큼은 아직도 매우 중요한 가치로 자리매김하고 있습니다. 요즘도 사람들은 어떤 분야에서건 어떤 일을 하건 간에 성실하고 근면하기만 하면 먹고사는 데는 큰 문제가 없다고 생각합니다. "성공하려면 무조건 근면하라!" 바야흐로 근면성은 우리 시대의 가장 중요한 성공의 법칙이 되었습니다. 한편, 근면성은 사람을 판단하는 데 있어서도 매우 중요한 기준이 되었습니다. 기업에서 사람을 채용할 때도 지원자가 얼마나 성실하고 부지런한지를 파악하려 하고, 직장인의 근무 평정에서도 성과와는 별개로 얼마나 근면하게 일을 했는지는 매우 중요한 판단 기준이 됩니다. 사정이 이렇다 보니 요즘 직장에는 근면하고 성실한 사람들만 남게 되었습니다. 근면하지 못한 사람들은 더 이상 조직에서 버티기가 힘들어졌습니다. 결국 오늘날 노동자는 근면성을 기본 덕목으로 무장한 채 직장생활을 하게 되었고, 급기야 근면 성실한 사람만 조직에 남겨졌습니다.

근면 성실한 사람만이 남게 된 조직에서는 이제 근면함이나 성실함을 강조하지 않게 되었을까요? 불행히도 여기에 대한 대답은 'No'입니다. 이제 남은 사람들끼리 누가 더 근면한지 경쟁이 붙었습니다. 객관적으로 근면한지보다는 다른 사람보다 얼마나 더 근면한지가 중요한 기준이 되었습니다. 따라서 오늘날 직장생활이란—다소 과장되게 표현하면—자신이 얼마나 부지런한지를 어필

하는 '근면성 뽐내기 대회'처럼 변해버렸습니다.

예전보다 근면하고 성실하게 일하는 현대인들은 과거에 비해 행복해졌을까요? 유감스럽게도 이 질문에 대해서도 긍정적인 답변을 내리기 어렵습니다. 오늘날 우리는 대체로 근면하게 살아가지만 좀처럼 행복감을 맛보기는 어렵습니다. 왜 그럴까요? 이유는 간단합니다. 근면하게 일만 하느라 삶에서 행복을 누릴 시간을 갖지 못하기 때문입니다. 근면함을 삶의 제일 모토로 삼아서 열심히 일만 하는 사람은 좀처럼 행복을 느끼기 어렵습니다. 대체로 행복은 노동보다는 휴식이나 여가시간에 누릴 수 있는 감정이기 때문입니다.

"아니, 그럼 열심히 일하지 말란 말인가?" 하고 반문하고 싶은 사람이 있을지도 모르겠습니다. 이 대목에서 독일 철학자 니체 Friedrich Wilhelm Nietzsche, 1844~1900 가 《즐거운 학문》에서 주장한 이야기를 먼저 들어보고 논의를 이어가기로 하겠습니다. "맹목적인 근면이라는 전형적인 도구의 덕은 부와 명예에 이르는 첩경이며 권태와 열정을 치료하는 특효약으로 제시된다. 하지만 사람들은 그것이 지니는 위험성, 그 최고의 위험성에 대해서는 입을 다문다."

니체가 살았던 시대에도 근면성은 매우 중요시되는 도덕적 기준이었습니다. 근면한 사람이 그렇지 못한 사람보다 더 많은 부와 명예를 가질 수 있었습니다. 하지만 니체는 '맹목적인 근면'을 긍정적으로만 해석하지 않았습니다. 그에 따르면, 근면한 노동은 때로는 부와 명예를 가져다주기도 하고, 권태와 열정을 치료하는 등 긍정적인 면도 가지고 있습니다. 하지만 모든 것에는 반대급부가 있습니다. 근면함이 가져다주는 긍정의 이면에는 위험성이 도 사리고 있습니다. 니체는 사람들이 맹목적인 근면이 지니는 위험 성에 대해서는 아무도 말해주지 않는다고 경고했습니다.

니체가 발견한 '맹목적인 근면'의 위험성은 무엇일까요? 열심 히 노동하는 행위가 가져올 부정적인 면은 무엇일까요? 그것은 바 로 '인간성의 상실'입니다. 니체는 맹목적인 근면을 긍정적인 삶의 가치로 사유하지 않았으며, 더 나아가 비인격적인 노동에 대해서 도 좋게 해석하지 않았습니다. 그가 보기에 노동은 소모적인 삶이 자 노예의 문화에 불과합니다. "노동의 고귀함은 가장 미련한 방식 의 현대적인 광적 표상이다. 그것은 노예의 꿈이다." 니체가 보기 에 '노동의 고귀함'을 운운하는 것은 주로 노예들입니다. 주인은 노 예에게 노동을 맡긴 뒤 인간적인 삶을 즐깁니다. 결국 니체에 따르 면, 노예들만 노동의 고귀함을 운운하면서 소모적인 삶을 살고 있 는 셈입니다. 니체의 주장에 동의하지 않는 사람이 있을지 모르겠 지만, 실제로도 노동은 노동자(니체식으로 표현하면 '노예')의 문화지 자본가('주인')의 문화가 아닌 것만은 분명합니다.

여기서 우리가 놓치지 말아야 할 점은 니체가 노동 그 자체를 부정적으로만 사유하지 않았다는 사실입니다. 니체가 부정한 것은 노예들이나 가지는 맹목적인 근면이나 그러한 상태로 임하는 노동 ─'노동의 고귀함'이라는 말로 포장된 비인격적, 비자발적 노동─ 입니다. 이와 달리 고귀한 노동도 존재합니다. 어떤 것일까요? 니 체는 이렇게 주장했습니다. "의지의 자유를 가진 주체가 행하는 노동만이 고귀하다." 결국 어떤 노동이 고귀한지 아닌지의 여부는 그것을 행하는 주체가 '의지의 자유'를 가졌는지에 달렸습니다. 주체인 노동자에게 의지의 자유가 있다면 '고귀한 노동'입니다. 반면, 그것이 없다면 '노예 노동'이 되고 맙니다.

프랑스 소설가 알베르 카뮈는《시지프 신화》에서 이렇게 적었습니다. "무의미한 노력을 강요당하는 것보다 더 큰 고통은 없다." 시시포스처럼 끝없이 반복해야 하는 노동은 분명 형벌과 같습니다. 어쩌면 오늘날 대부분의 직장인도 시시포스의 형벌을 받고 있는지 모릅니다. 카뮈는 "오늘날의 노동자는 그 생애의 그날그날을 똑같은 일에 종사하며 산다. 그 운명도 시지프에 못지않게 부조리한 것이다"라고도 말했습니다. 니체식으로 말하면 '맹목적인 근면성'으로 무장하여 노예 노동을 하는 셈입니다. 시시포스가 그랬듯 오늘날 대다수 직장인들도 아무리 부지런히 일해도 좀처럼 행복감을 느끼기가 어려운데, 그 이유가 바로 맹목적인 근면, 무의미한 노동을 하고 있기 때문이 아닐까요?

이렇게 반문하는 사람이 있을지도 모르겠습니다. "그래도 노동을 하면 그 대가로 돈은 벌지 않느냐?" 물론 노동의 대가로 주어지는 돈에서 의미를 찾을 수도 있습니다. 하지만 이것 역시 노예 노동에서 찾는 의미일 뿐, 고귀한 노동으로서 가지는 의미는 아닙니다. 프랑스 철학자 에밀 시오랑Emile Cioran, 1911~1995도 노동의 위험성을 경고한 바 있습니다. "일은 타락이다. 일을 통해서 인간이 실현하는 것은 자아가 아니라 다른 무언가이다. (일은) 사람으로 하여금 자아를 위해 살게 하는 대신에, 외적 현실에 매인 가엾고 무력한 노예로 만든다." 시오랑도 노동을 통해 자아를 실현하기보다는 외적 현실에 얽매인 무력한 노예가 되기 쉽다고 보았습니다(외적 현실 중에서도 우리를 가장 강력하게 얽매이게 만드는 것은 두말할 필요도 없이 '돈'입니다).

노동에 대한 니체나 에밀 시오랑의 경고는 평소 근면하게 살아가는 우리를 불편하게 만듭니다. 그들의 주장을 듣고 우리는 왜 불편함을 느끼는 것일까요? 혹시 그들의 주장에 일리가 있기 때문은 아닐까요? 만약 그들의 주장이 터무니없다면 굳이 불편해할 이유가 없을 것입니다. 그냥 뭣도 모르는 사람들의 '헛소리'쯤으로 치부해버리면 그만이니까요. 그렇습니다. 어쩌면 우리는 맹목적인 노동을 하느라 정작 인간성을 상실한 채 일벌레로만 살아가고 있는지도 모릅니다. 결코 인정하고 싶지 않지만 말입니다.

이제 우리는 어떻게 해야 할까요? 니체의 주장처럼 '고귀한 노동'을 해야 합니다. 고귀한 노동은 어떻게 할 수 있을까요? 의지의 자유를 가지고 노동을 선택하면 됩니다. 그러기 위해서는 남이 시켜서 하는(자유가 없는) 노동이 아니라 내가 선택한(자유의지에 따라 행하는) 노동을 해야 합니다. 타율적인 노동이 아니라 자율적인 노동을 해야 합니다. "아니, 돈 받고 일하는 월급쟁이가 현실적으로 그게 가능한가?" 하고 반문하는 사람이 있을지도 모르겠습니다. 맞습니다. 현실에서의 노동은 '자신이 선택한(자율적인) 일'보다는 '주어진(타율적인) 일'을 할 수밖에 없습니다. 자율적인 일만 하려면 지금 다니는 직장을 관둬야 할지도 모릅니다.

현재의 직장을 계속 다니면서도 자율적인 노동을 할 수 있는 방법은 없을까요? 당연히 있습니다. 현재 하고 있는 일에서 조금씩 자율적으로 선택한 일의 비율을 늘려나가면 됩니다. 자신에게 주어진 일은 성실하게 하되, 그사이에 스스로 선택한 일의 양을 조금씩 늘려가면 됩니다. 근무시간 전체는 아니더라도 일부 시간을 할애하여 자율적인 노동의 시간으로 만들면 됩니다. 맹목적인 근면의 시간이 아닌, 의지의 자유를 행사하는 주체적인 노동의 시간을 행하면 됩니다. 그리고 그런 시간의 비중을 조금씩 높여가면 됩니다. 그렇게 하다 보면 자신도 모르는 사이에 맹목적인 노동에서 벗어나 일을 즐기고 있는 자신을 발견하게 될지도 모릅니다. 요컨대 맹목적인 근면이나 노동에서 벗어나 스스로 선택한 자신의 일을 즐기라는 뜻입니다. 그럴 때에만 일상은 노동이 아니라 놀이가 되고 예술이 됩니다.

쿠르베나 마네는 노동에 대한 그림을 그리면서 진실을 표현하고자 했습니다. 노동의 고귀함이 아니라 그 속에 숨겨져 있는 고통과 소외를 묘사했습니다. 화가의 눈에는 그것이 진짜 세계이기 때문입니다. 결국 쿠르베나 마네는 노동을 신성하다고 보지 않았습니다. 그들은 그림을 통해 우리에게 경고의 메시지를 보내고 있는지도 모릅니다. "노동의 고귀함이나 신성함에 속아서 계속 노예처럼 살 텐가?" 하고 말입니다. 이제 화가에게 우리가 답할 차례입니다. 여러분은 지금 신성한 노동을 하고 있습니까?

05

Hope

희망

꿈은 반드시
이루어지는 것일까?

꿈(앙리 루소, 1910)

희망(조지 프레드릭 왓츠, 1885)

"꿈은 이루어진다!" 2002년 한일월드컵에서 대한민국의 모든 국민을 열광하게 만들었던 구호입니다. 월드컵 16강에도 올라본 적이 없던 대한민국 축구 국가대표팀이 16강을 넘어 4강까지 올랐으니 "꿈이 이루어진다"는 말이 현실이 된 셈입니다. 그전까지는 상상조차 하지 못했던 꿈이 현실이 되자 온 나라가 붉은 물결로 뒤덮였고, 전 국민이 흥분과 열광의 도가니에 빠졌습니다. 1963년 8월 28일, 미국의 워싱턴 D.C. 링컨기념관 발코니에서 마틴 루터 킹Martin Luther King Jr., 1929~1968 목사는 "나에게는 꿈이 있습니다I Have a Dream"라는 말로 시작되는 명연설을 통해 그곳에 모인 수십만의 시민들을 열광하게 만들었습니다. '꿈'이라는 글자 속에는 우리가 알지 못하는 마력이 숨겨져 있는지도 모릅니다. 현실에 발을 딛고 사는 사람이라면 거의 예외 없이 꿈이라는 표현에 열광하니까요. 요컨대, '꿈'은 사람의 가슴을 요동치게 만드는 마법의 단어입니다.

가수 인순이가 불러 유명해진 〈거위의 꿈〉도 마찬가지입니다. "난 꿈이 있었죠. 버려지고 찢겨 남루하여도. 내 가슴 깊숙이 보물과 같이 간직했던 꿈"으로 시작되는 가사는 수많은 청춘들의 공감을 불러일으키기에 충분했습니다. 노래 속 주인공은 남루한 현실을 살아가지만, 가슴속 깊숙이 간직한 꿈이 있었나 봅니다. 그 결과, 그 꿈이 힘든 현실을 견디게 만들었습니다. 가사는 다음과 같이 이어집니다. "그래요. 난 난 꿈이 있어요. 그 꿈을 믿어요. 나를 지켜봐요. 저 차갑게 서 있는 운명이란 벽 앞에 당당히 마주칠 수 있어요."

노래 속 주인공에게 꿈은 매우 중요합니다. 꿈이 있기에 그는 남루한 현실이나 차가운 운명 앞에서도 당당하게 마주설 수 있습니다. 꿈은 미래에 대한 기대이자 희망입니다. 따라서 꿈을 가진 사람은—비록 현실이 남루하여도—미래에 대한 희망을 가짐으로써 힘든 현재를 견딜 수 있습니다. 꿈이 주는 이러한 긍정적인 힘 때문에 사람들은 누구나 꿈을 가지라고 충고합니다. 현실이 아무리 힘들어도 꿈을 통해 미래에 대한 희망을 가지라고 조언합니다. 실제 주변을 둘러봐도 꿈을 가진 사람이 그렇지 못한 사람보다 삶을 긍정하고, 미래에 대해 낙관적인 경향을 보이는 경우가 많습니다.

그런 이유 때문일까요? 미술사에서 꿈이나 희망을 주제로 한 그림들이 꽤 많습니다. 먼저 꿈을 소재로 한 그림을 한편 감상하겠습니다. 다음 페이지의 작품은 앙리 루소^{Henri Rousseau, 1844~1910}

의 〈꿈〉입니다. 하얀 달빛이 비치는 정글의 원시림에 신비한 매력을 가진 동식물들이 곳곳에 배치되어 있습니다. 기묘하게 생긴 정글에 다양한 식물과 꽃, 열매와 함께 온갖 동물들이 곳곳에 숨겨져 있는, 그야말로 수수께끼 같은 그림입니다. 마치 숨은 그림 찾기를 연상케 합니다. 그럼에도 가장 먼저 눈에 들어오는 장면은 좌측 하단에 벌거벗은 상태로 소파에 비스듬히 누워 있는 여성의 모습입니다. 〈꿈〉을 포함하여 루소는 이처럼 정글을 주제로 한 그림을 총 25점 남겼습니다. 하지만 그는 일생 동안 프랑스 이외의 지역을 여행한 적이 없다고 합니다. 그런 그가 온갖 형태의 식물들로 우거진 원시림이나 각종 야생 동물의 이미지를 그릴 수 있었던 이유는 평소 자주 방문했던 자연사박물관이나 파리식물원 등에서 관찰했기 때문입니다. 이에 대해 루소는 이렇게 말한 적이 있습니다. "온실에 서서 이국땅에서 건너온 이상한 식물들을 보고 있노라면, 마치 내가 꿈속으로 들어가고 있는 것처럼 느껴진다." 말하자면, 그의 그림은 상상력과 관찰력의 산물이라 하겠습니다.

왜 그림의 제목이 '꿈'일까요? 〈꿈〉은 루소의 마지막 완성작입니다. 그는 이 수수께끼 같은 그림을 두고 "소파에서 잠든 여성은 자신이 숲으로 옮겨졌다는 꿈을 꾸고 있다"라고 말했습니다. 나체의 몸으로 소파에 누워 있는 여성의 모습과 이국적인 정글이 한곳에 뒤섞여 있는 모습은 아무래도 자연스럽지 않습니다. 이질적인 부조화의 극치라고 할까요? 루소는 꿈의 이미지에 편승하여 이러한 부조화를 신비스럽게 그려냈습니다. 꿈속이야말로 현실과 이

앙리 루소, 〈꿈〉
1910

상, 의식과 무의식의 부조화가 빚어낸 모호한 공간이니까요.

　동양고전 《장자莊子》에는 호접지몽胡蝶之夢이라는 고사성어가 나옵니다. 내용은 이렇습니다.

—

어느 날 장자가 꿈을 꾸었습니다. 꿈속에서 자신은 나비가 되어 꽃밭을 날아다니고 있었습니다. 그런데 꿈을 깨어보니 자신은 장자라는 사람이 되었습니다. 그 순간 장자는 '내(장자)가 나비의 꿈을 꾼 것인가, 나비가 장자라는 인간이 되는 꿈을 꾸고 있는 것인가?'하는 의문을 품게 되었습니다. 이로부터 꿈과 현실을 구분 짓는 것 자체가 의미 없음을 깨닫게 되었습니다.

—

　자신이 나비가 되는 꿈을 꾸었다가 잠에서 깨어나 현실로 돌아오니, 어디가 꿈이고 어디가 현실인지 알 수가 없더라는 이야기입니다.

　이처럼 꿈은 알쏭달쏭한 장면인 경우가 많습니다. 분명 꿈은 현실과 다른 것 같다가도 어떤 때는 구분이 모호한 경우도 있습니다. 2002년 월드컵처럼 때로는 꿈이 현실이 되기도 하니까요. 정신분석학자인 지그문트 프로이트Sigmund Freud, 1856~1939는 "꿈이 무의식의 발로"라고 보았습니다. 평소에는 의식 너머에 숨어 있던 본능적 무의식(리비도)이 꿈을 통해 가끔씩 모습을 드러내기도 합니다. 그래서 그는 "꿈의 해석은 실제로 무의식에 이르는 왕도다"라고 주장하기도 했습니다. 꿈을 잘 해석하면 평소 숨겨져 있거나 억압되어 있던 무의식적 본능을 알 수 있다는 뜻입니다. 이처럼 꿈은 우리가 의식하지도 통제하지도 못하지만 현실과 아무런 관련이 없는 것은 아닙니다. 현실에서 실현하지 못한 무의식이 꿈을 통해 우리의 의식에 노크를 하고 있는지도 모릅니다.

앙리 루소는 상당히 늦은 나이에 화가라는 직업으로 전향했습니다. 제대로 된 미술교육도 받은 적이 없는 그는 파리에서 세관원으로 근무하다가 40세가 되어서야 본격적으로 화가의 길을 걷기 시작했습니다. 그의 독특한 이력으로 인해 처음에는 화가로서 제대로 인정받지도 못했고 '아마추어 화가'라느니 '일요 화가'라며 무시당하기 일쑤였습니다. 그는 왜 늦은 나이에 평생토록 했던 직업을 버리고 화가의 길을 택했을까요? 아마도 화가가 되는 것이 그의 필생의 꿈이었기 때문이 아닐까 짐작해봅니다. 그래서 안정적인 직장을 버리고, 배곯기 딱 좋은 직업인 화가를 택한 것입니다. 화가가 되겠다는 꿈이 그가 쉽지 않은 길을 선택하도록 만든 셈입니다. 그의 선택은 '무한 도전'일까요, '무모한 도전'일까요?

전업 화가가 되어 필생의 꿈을 이룬 루소에게는 이제 더 이상 꿈이 필요없을까요? 그렇지 않습니다. 그에게는 계속해서 꿈이 필요합니다. 늦은 나이에 전업 화가의 길을 선택한 그가 맞닥뜨린 현실은 가혹했습니다. 그는 예상했던대로 극심한 생활고에 시달렸습니다. 따라서 그에게는 꿈이 더욱 절실해졌습니다. 그 상황에서 꿈이라도 꿀 수 있어야 비참한 현실을 감내할 힘을 얻을 수 있기 때문입니다. 그래서 〈꿈〉이라는 그의 작품은 의미심장하게 다가옵니다. 작품은 소파에 누운 여성의 꿈을 그린 것인지, 화가 자신의 꿈을 그리고 있는지 알 수가 없습니다. 해석은 각자의 몫입니다.

꿈과 관련된 또 다른 작품을 하나 더 감상하도록 하겠습니다. '영국의 미켈란젤로'라 불리는 19세기 영국의 화가 조지 프레드릭 왓츠George Fredric Watts, 1817~1904의 〈희망The Hope〉이라는 작품입니다. 그림 속에는 지구를 닮은 작은 구 위에 눈에 붕대를 감은 남루한 차림의 소녀가 달랑 한 줄만 남은 리라를 붙잡고 무언가를 연주하고 있습니다. 희망을 말하기조차 어려운, 가혹한 조건 속에서도 끝까지 음악을 연주하려는 그녀의 모습이 애처롭기까지 합니다. 왓츠는 이 그림을 그린 뒤 '희망'이라는 제목을 붙였습니다.

이 대목에서 한번 물어보고 싶습니다. 여러분은 그림을 보고 희망이라는 단어가 연상되나요, 아니면 절망이라는 단어가 먼저 떠오르나요? 물론 개인마다 다르겠지만, 아마도 희망보다는 절망이라는 단어가 떠오르는 사람이 더 많을 것입니다. 그녀의 모습과 그녀가 처한 조건을 보면, 희망을 떠올리기란 쉽지 않기 때문입니다. 하지만 이 그림을 보고 '희망'의 가능성을 본 사람도 꽤 많습니다. 첫 번째 주인공은 흑인의 인권과 자유를 외쳤던 마틴 루터 킹 목사입니다. 그는 1959년 자유의 행진에서 이 그림을 언급하며 '희망'이라는 주제로 연설을 했습니다. 두 번째는 26년간 옥살이를 했던 남아공의 넬슨 만델라가 이 그림을 침침한 감방 벽에 걸어놓고 희망

조지 프레드릭 왓츠, 〈희망〉
1885

을 잃지 않았다고 합니다. 세 번째는 미국 최초의 흑인 대통령인 버락 오바마입니다. 그는 젊은 시절 교회에서 왓츠의 그림을 보고 충격과 감동을 받았다고 밝히면서, 이를 바탕으로 2004년 민주당 전당대회에서 희망의 메시지를 전했습니다. 그는 자신의 자서전 《버락 오바마의 담대한 희망》에서도 그 그림이 강한 영감을 주었다는 사실을 거듭 밝히고 있습니다. 19세기 말에 왓츠가 그렸던 〈희망〉이 세기를 뛰어넘어 많은 사람들에게 희망의 메시지를 전해준 것입니다. 예술의 힘이 대단함을 새삼 깨닫게 됩니다.

이렇듯 꿈이나 희망은 인생을 살아가는 데 매우 중요합니다. 왓츠의 그림에서도 볼 수 있듯이, 꿈이 있다면 현실의 조건이 아무리 가혹해도 희망의 끈을 놓지 않게 만들어줍니다. 실제로 꿈은 흔들리는 삶에서 어디로 가야할지 나아갈 방향을 제시해주고, 힘겨운 현실 속에서도 미래에 대한 기대를 갖게 함으로써 고통을 잘 견디게 해줍니다. 한마디로 꿈은 인생의 이정표이자 진통제입니다. 그래서 꿈이 있는 사람은 현재를 긍정하고 미래를 낙관하는 경향이 높습니다. '비록 지금은 미약하지만 그 끝은 창대하리라'라고 생각합니다.

한편으로는 이런 의문이 들기도 합니다. 꿈을 가진 사람은 누구나 자신의 꿈을 언젠가는 이룰 수 있을까? 솔직히 말하면, 꿈을 가졌지만 끝내 이루지 못하고 생을 마감하는 경우도 꽤 많습니다. 꿈의 보유 여부가 성취를 보장하는 것은 아니기 때문입니다. 불행하게도 현실에서는 꿈을 이루는 사람보다 이루지 못하는 사람이 더 많습니다. 왜 그럴까요? 꿈이 명확하지 않아서일까요, 아니면 운이 따라주지 않아서일까요? 둘 다 아닙니다. 사람들이 꿈을 이루지 못하는 이유는 바로 '기적을 행하지 않기 때문'입니다.

갑자기 무슨 소린가 의아하게 생각할 수도 있겠지만, 이 주장은 러시아 작가인 다닐 하름스Daniil Kharms, 1905-1942의 소설에 나오는 주장입니다. 러시아 부조리 문학으로 유명한 작가 다닐 하름스는 단편 〈노파〉에서 '기적을 행하는 자'에 대한 이야기를 합니다. 내용은 대략 이렇습니다.

—

이것은 기적을 행하는 자에 대한 이야기인데, 그는 우리 시대에 살면서 아무런 기적도 행하지 않는다. 그는 자신이 기적을 행하는 자이며, 어떤 기적도 행할 수 있다는 것을 알지만, 그렇게 하지 않는다. 사람들이 그를 아파트에서 쫓아낸다. 손가락 하나만 까딱하면, 그 아파트를 차지할 수 있다는 것을 알지만 그는 그렇게 하지 않고, 대신 아파트에서 고분고분 떠나 교외에 있는 헛간에서 지낸다. 그는 이 낡은 헛간을 아름다운 벽돌집으로 변화시킬 수도 있지만 그렇게 하지 않고, 계속 헛간에서 살다가, 평생 동안 단 한 번의 기적도 행하지 않은 채 그렇게 생을 마감한다.

—

소설에 나오는 주인공은 초능력자입니다. 마음만 먹으면 '기적'을 행할 수 있습니다. 하지만 그는 무슨 이유에선지 평생 단 한 번의 기적도 행하지 않습니다. '손가락 하나만 까딱하면' 아파트도 차지할 수도 있고, '낡은 헛간을 아름다운 벽돌집으로 변화시킬 수도' 있습니다. 하지만 그는 그렇게 하지 않고 생을 마감했습니다. 왜 그랬을까요? 그것은 단지 '기적을 행하지 않았기 때문'입니다. 절대 '능력이 없어서'가 아닙니다!

하름스 소설에 나오는 '기적을 행하는 자'가 오늘날 우리들의 모습과 많이 닮아 있다고 생각되지 않습니까? 꿈은 꾸지만 정작 그 꿈을 이루지 못한 채 생을 마감하고 마는 대부분의 현대인과 흡사하지 않나요? 기적을 행하는 자의 이야기는 단지 소설 속 주인공만의 모습은 아닙니다. 실은 우리도 대부분 그렇습니다. 사람들은 대체로 꿈도 가지고 있고 언젠가는 그것이 반드시 이루어진다고 믿는데, 실제로는 좀처럼 이루어지지 않습니다. 왜 그럴까요? 기적을 행하지 않았기 때문입니다. 정확히 말하면 꿈을 '이루지 못한' 게 아니라 그냥 '안 한' 것입니다. 마음만 먹으면 뭐라도 할 수 있고 뭐든지 될 수도 있는데, 또 그럴 능력도 충분한데, 다만 기적을 행하지 않았을 뿐입니다. 절대 기적을 행할 '능력이 없어서'가 아닙니다. 오해하지 마시기 바랍니다.

사람들은 하름스의 소설을 '부조리 문학'이라고 부릅니다. 여기서 부조리란 모순을 의미하는데, 구체적으로는 우리가 바라는 희망과 현실 사이의 불균형을 뜻합니다. 부조리한 현상의 대표적인 것이 바로 '꿈'입니다. 대체로 꿈은 현실에서는 우리의 바람과 어긋나기 일쑤입니다. 능력이 없어서건, 운이 따라주지 않아서건, 기적을 행하지 않아서건 간에 번번이 현실은 우리의 희망을 빗겨갑니다. 그 결과, "꿈은 이루어진다"는 말은 어쩌다가 운좋게 접하는 월드컵 구호에 그칩니다. 이렇듯 현실에서 우리가 경험하는 꿈은 쉽사리 현실이 되지 않습니다.

살면서 '꿈을 꾼다'는 것은 두 가지 의미로 해석될 수 있습니다. 우선 꿈은 미래에 대한 긍정입니다. 한편으로 꿈은 현실을 왜곡되게 만들기도 합니다. 그럴듯한 미래를 상상함으로써 현실을 견디게 하는 마약과 같을 수도 있습니다. 이게 심해지면 하름스 소설의 주인공처럼, 현실을 왜곡하여 인식하게 됩니다. 프랑스 실존주의 철학자 사르트르Jean-Paul Sartre, 1905~1980는 인간이 실존의 불안에서 벗어나기 위해 '자기기만'을 행하는 경우가 많다고 주장했습니다. 자기기만이란 '자기가 스스로를 속이는 행위'인데, 꿈은 종종 자기기만의 수단으로 활용됩니다. 쉽게 말해, 꿈이 자기를 속인다는 말입니다. 예컨대, 현재 자신의 모습에 만족하지 못한 사람이라도 꿈만 있다면 현실을 잘 감내해낼 수 있습니다. 꿈이 현실의 불만을 보충해주기 때문입니다. 꿈이 있기에 비루한 현실을 참아낼 수 있는 것입니다.

하지만 문제는 거기서 그치고 만다는 데 있습니다. 꿈의 용도는 딱 거기까지입니다. 현실의 고통을 잊게 해주는 것만으로 충분합니다. 말하자면, 치료제가 아닌 진통제로서 만족하고 있는 셈입니다. 그래서 꿈을 이루기 위한 그 어떤 시도도 하지 않고 단지 현실을 긍정하는 수단에만 그칩니다. 만약 누군가가 '왜 꿈을 이루지 않느냐'고 물으면 이렇게 대답하면 됩니다. "아직 기적을 행할 때가 아닙니다!" 하름스의 소설에 나오는 주인공처럼 말이죠. 참 쉽지 않은가요? 이런 사람에게 꿈이란 '이루기 위한 것'이 아니라 '보여주기 위한 것'인지도 모릅니다. 꿈을 가지고 쇼Show를 하고 있는 셈입니다.

이처럼 꿈에는 두 가지 가능성이 공존합니다. 삶의 지향점이나 방향타가 되는 긍정적인 면도 있고, 자기기만의 수단으로 채택되어 자신을 속이게 되는 부정적인 면도 있습니다. 꿈이 긍정적으로 작용하는가, 부정적으로 작용하는가는 어떻게 결정되는 것일까요? 사르트르의 표현을 빌리면, 그 꿈을 이루기 위해 얼마나 '기투企投를 하는가'에 달렸습니다. 실존주의 철학에서 기투란 현재를 초월하여 미래를 향해 자신을 내던지는 행위를 말합니다. 쉽게 말해, 꿈을 이루기 위해서 무엇인가를 시도하는 것을 말합니다. 꿈은 있으나 실제로는 아무 시도도 하지 않고 있다면 그것은 자기기만이 됩니다. 요컨대 꿈을 가졌지만 아무런 시도도 하지 않는 사람은 자기기만을 하고 있는 셈입니다. 어쩌면 자신이 꿈에게 속이고 있는 상태인지도 모릅니다. 꿈은 가지고 있는지가 중요한 것이 아니라 그 꿈을 이루기 위해 무엇을 시도하고 있는지 여부가 훨씬 더 중요합니다.

'희망'도 마찬가지입니다. 앞서도 말했지만, 꿈은 미래에 대한 희망입니다. 따라서 꿈을 가진 자는 미래에 대한 희망을 가지고 있는 셈입니다. 하지만 현실에서는 희망이 '희망고문'으로 둔갑하기도 합니다. 꿈이 '희망'이 되는 경우와 '희망고문'이 되는 경우는 어떻게 구분될까요? 철학자 스피노자Baruch Spinoza, 1632~1675는 《에티카》에서 희망을 이렇게 정의내렸습니다. "희망이란 결과가 불확실한 기쁨이다." 스피노자에 따르면, 희망은 일단 '기쁨'입니다. 따라서 좋은 것입니다. 하지만 결과가 불확실한 것이기에 온전한 기쁨은 아닙니다.

결국 희망이 희망고문이 되는 이유는 '불확실성' 때문입니다. 따라서 꿈이 희망이 되느냐 희망고문이 되느냐는 '그 불확실성을 자신이 얼마나 제거할 수 있는가'에 달렸습니다. 자신의 노력으로 불확실성을 제거할 수 있으면 꿈이 희망이 될 테고, 자신의 능력이나 노력으로도 그 불확실성을 제거할 수 없다면 그것은 희망고문이 될 가능성이 높습니다.

니체는 희망에 대해 이렇게 주장했습니다. "희망은 실로 재앙 중에서도 최고의 재앙이다. 왜냐하면 희망은 인간의 고통을 연장시키기 때문이다." 니체는 희망을 갖는 것을 무조건 긍정하지는 않았습니다. 희망이 실현되지 않고 고통만 연장시킨다면 오히려 재앙이 될 수도 있다고 보았습니다. 꿈을 통해 미래에 대한 희망을 가지고 있을 뿐 그것을 이루기 위한 기투를 전혀 하지 않는다면 그것은 고통의 연장이자 재앙에 머물 가능성이 높습니다. 따라서 아무런 노력도 하지 않는다면, 차라리 미래에 대한 기대를 하지 않는 편이 더 나을 수도 있습니다. 헛된 기대는 고통만 더 크게 만들 뿐이니까요.

　지금까지의 논의를 '꿈이나 희망을 갖지 말자'라고 해석하지는 말았으면 합니다. 꿈을 꾸고 미래에 대한 희망을 갖는 것은 반드시 필요합니다. 꿈이나 희망은 현실을 긍정하고 삶에 열정을 갖게 만드는 좋은 면이 있으니까요. 하지만 모든 희망이 긍정적인 결과로 이어지는 것은 아닙니다. 니체도 희망 자체를 부정한 것은 아닙니다. 아무런 노력 없이, 단지 희망을 가진 것만으로 현실의 고통에서 위안을 삼으려는 상태를 문제 삼고 있을 뿐입니다.

　〈꿈〉을 그린 루소나 〈희망〉을 그린 왓츠는 자신의 꿈과 희망을 이루기 위해 노력과 실천을 다했을까요? 당연합니다. 40세라는 늦은 나이에 꿈을 이루기 위해 새로운 길을 나선 루소, 당대 지성인이나 예술가와 교류하면서 자신만의 신화 세계를 구축하고 내적인 진실을 찾는 데 평생을 바친 왓츠는 분명 자신의 꿈을 이루기 위해 무한 도전에 나선 이들입니다. 그들의 작품은 꿈을 이루기 위해 도전과 노력을 아끼지 않았던 증거인지도 모릅니다. 〈꿈〉과 〈희망〉은 꿈을 가지고 자기를 기만하고 있는 현대인들, 희망 앞에서 아무런 기투도 하지 않은 채 고통받고 있는 사람들에게 진정한 꿈과 희망이 무엇인지를 다시 한 번 깨닫게 만들어줍니다.

　결국 삶에서 꿈이나 희망이 긍정적 의미를 갖기 위해서는 그것을 이루기 위한 노력과 실천이 전제되어야 합니다. 노력과 실천이 뒷받침되지 않는 희망은 거짓 희망에 불과합니다. 그것은 희망이 아니라 희망 고문이라고 말하는 편이 타당할 것입니다. 자신의 삶을 고통 없이 행복하게 만들기 위해서는 기투가 동반된 꿈, 거짓 희망이 아닌 진짜 희망을 가지며 살아야 하겠습니다. 그러기 위해서는 스스로 꿈과 희망에 걸맞은 노력과 실천을 경주하고 있는지를 점검해볼 필요가 있겠습니다. 꿈은 저절로 이루어지는 것이 아니라 각자의 노력 여하에 달렸습니다. 부디 꿈을 가지고 속고 속이는 짓은 하지 말았으면 합니다.

06

Death

죽음

메멘토 모리,
죽음을 기억하라!

소크라테스의 죽음(자크 루이 다비드, 1787)

대사들(한스 홀바인, 1533)

니체는 "절대적 진리는 없다"고 주장한 바 있습니다. 하지만 현실에는 절대적인 진리가 없지만은 않습니다. 바로 '인간은 누구나 죽는다'는 부정할 수 없는 진리가 있습니다. 최소한 현재의 의학 기술로는 그렇습니다. 550년간의 혼란했던 춘추전국시대를 끝내고 천하를 통일했던 진시황도 죽음에서 벗어나기 위해 온갖 노력을 다했지만 결국 죽음을 비껴가지는 못했습니다. 요컨대, 인간은 누구나 언젠가는 죽음을 맞이하게 될 운명입니다. 따라서 '모든 인간은 죽는다'라는 명제는 진리라고 봐도 무방합니다.

　철학의 출발은 진리에 대한 탐구에서 시작되었다고 합니다. 그렇기 때문에 불변의 진리인 '죽음'도 철학에서는 매우 중요한 주제입니다. 그런데 생각해보면 사람들은 대체로 죽음에 대해 무지합니다. 아니 좀더 정확히 말하면, 대부분의 인간은 죽음을 애써 외면하면서 살고 있습니다. 문화 인류학자인 어네스트 베커^{Ernst} Becker, 1924~1974는 《죽음의 부정》이라는 책에 이렇게 적었습니다. "우리는 죽을 운명이라는 것을 객관적으로는 알고 있지만, 이 엄청 난 진실을 회피하기 위해 온갖 획책을 다한다." 인간은 자신이 언 젠가는 죽는다는 사실을 알고는 있지만 그러한 진실을 애써 모른 체하며 산다는 뜻입니다. 죽음을 생각하는 일이 그리 즐거운 일은 아니기에 충분히 이해가 되기도 합니다.

반대로 죽음을 회피하지 않는 경우도 있습니다. 대표적인 사 람이 그리스 철학자 소크라테스^{Socrates, 470~399 BC}입니다. 알다시피 소크라테스는 신을 부정하고 젊은이들을 타락하게 만든 죄로 아테 네 법정에 세워졌고, 그곳에서 그는 자신의 사상을 포기할지 아니 면 사형을 선고 받을지에 대한 선택을 강요당했습니다. 철학을 포 기할지 아니면 죽음을 택할지를 앞에 두고 선택의 기로에 선 것입 니다. 결국 그는 자신의 철학을 포기하지 않기로 결심했고, 최종적 으로 죽음을 선택했습니다.

소크라테스는 자신에게 사형을 선고한 아테네 시민들을 향해 다음과 같은 마지막 말을 남겼습니다. "이제 떠나야 할 시간이 되 었습니다. 각기 자신의 길을 갑시다. 나는 죽기 위해서, 여러분은 살기 위해서. 어느 쪽이 더 좋은가 하는 것은 오직 신만이 알 뿐입 니다." 그는 죽음이 반드시 나쁜 것이라고 보지 않았습니다. 죽음 이 곧 육체로부터의 해방이며 영혼은 불멸한다고 믿었습니다. 그 렇기 때문에 진정한 철학자는 죽음을 두려워해서도 안 된다고 보았습니다. 소크라테스가 죽기 직전의 모습은 신고전주의의 거장인 자크 루이 다비드Jacques-Louis David, 1748~1825의 〈소크라테스의 죽음〉 이라는 작품에 잘 묘사되어 있습니다.

이 그림은 소크라테스가 독약을 마시고 죽기 직전의 모습을 그린 것입니다. 감옥이라고 믿어지지 않을 정도로 넓은 방에서 상체를 드러낸 채 널찍한 침대에 걸터앉은 사람이 소크라테스입니다. 죽음을 앞둔 상태에서도 그의 강직한 얼굴은 차분하고 평온해 보입니다. 반면 그의 주변에는 제자와 친구들이 모여 있는데, 다들 절망과 슬픔에 빠져 고통스러워하고 있는 모습이 사뭇 대조적입니다. 그림 왼쪽의 침대 머리맡에 등지고 앉아 고개를 숙인 채 절망하고 있는 사람이 소크라테스의 제자인 플라톤입니다. 소크라테스의 무릎에 손을 얹은 채 대화를 하고 있는 사람은 절친인 크리톤입니다. 크리톤은 간수를 매수하여 친구를 빼낸 후 타지로 보내서 죽음을 피하자고 권유할 생각으로 찾아왔습니다. 그런데 소크라테스는 죽음을 의연하게 받아들이자며 오히려 크리톤을 설득하고 있습니다.

죽음을 두려워하지 않는 소크라테스의 결연한 태도가 예사롭지 않아서인지 그의 죽음에도 수많은 이야기가 뒤따릅니다. 그중에는 와전된 내용도 많은데, 대표적인 것이 그가 죽기 직전에 "악법도 법이다"라는 말을 남겼다는 주장입니다. 그가 지은 죄가 사형을 선고 받을 정도로 과한 것은 아니지만 아무리 불합리한 법이라도 법체계는 지켜져야 한다는 취지로 해석됩니다만, 실제로 소크

자크 루이 다비드, 〈소크라테스의 죽음〉
1787

라테스는 그런 표현을 한 적이 없습니다. "악법도 법이다"라는 표현은 일본의 법철학자 오다카 도모오尾高朝雄, 1899~1956가 《법철학》에서 실정법주의를 주장하면서 언급한 말이 잘못 전달된 것입니다. 그는 소크라테스가 독배를 든 것은 실정법을 존중했기 때문이며, 따라서 "악법도 법이므로 이를 지켜야 한다"고 썼습니다. 그것이 이후 소크라테스가 한 말로 와전되었습니다.

실제로 소크라테스가 죽기 직전에 친구에게 마지막으로 남긴 말은 다음과 같습니다. "크리톤, 나는 아스클레피오스에게 닭 한 마리를 빚졌네. 기억해두었다가 빚을 갚아주겠나?" 아스클레피오스Aesculapius는 그리스 신화에 나오는 의술医術의 신입니다. 결국 소크라테스는 결코 죽음을 두려워하지 않았습니다. 그는 독약을 마시기 전에 의술의 신 아스클레피오스에게 평온한 죽음을 내려준 것에 감사했고, 잠시 후 독약을 마시고 숨을 거두었습니다. 죽음을 대하는 태도가 남다른, 가히 철학자로서의 면모를 잘 보여주는 장면입니다.

소크라테스와 달리 대부분의 사람은 대개 죽음을 부정하고 피하려 합니다. 하지만 알고 보면 삶과 죽음은 그리 멀리 떨어져 있는 개념이 아닙니다. 인간은 누구나 언젠가는 죽는다는 사실을 전제한다면 삶의 다음 순간이 바로 죽음입니다. 따라서 삶은 연기된 죽음에 불과한지도 모릅니다. 삶의 끝이 바로 죽음의 시작이죠. 인도의 시인 타고르Rabindranath Tagore, 1861~1941도 삶과 죽음에 대해 이렇게 말했습니다. "탄생이 삶이듯 죽음도 삶이다. 드는 발도 걸음이고 내딛는 발도 걸음이다." 그가 보기에도 삶과 죽음은 매우 가까이 있으며, 서로 연결되어 있습니다. 따라서 불변의 진리이자 가장 중요한 인생의 주제인 죽음에 대해서 철학적으로 살펴보는 것도 의미 있는 일일 것입니다.

알베르 카뮈는 자신의 책《시지프 신화》서두에 이렇게 적었습니다. "참으로 진지한 문제는 오직 하나뿐이다. 그것은 바로 자살이다." 카뮈는 왜 자살이 참으로 진지한 문제라고 생각했을까요? 이어지는 카뮈의 말을 들어보면 그 이유를 짐작할 수 있습니다. "인생이 살 가치가 있느냐 없느냐를 판단하는 것이야말로 철학의 근본 문제에 답하는 것이다." 카뮈에 따르면, 삶에서 가장 중요한 질문 중 하나가 '인생이 살 만한 가치가 있는가 없는가'에 대한 판단입니다. 만약 누군가가 자살을 했다면, 그것은 앞의 질문에서 인생이 살 가치가 없다고 판단한 결과라는 겁니다. 그렇기 때문에 자살(죽음)이 철학에서 중요하게 다루어야 할 문제라고 주장한 것입니다. 셰익스피어의《햄릿》에도 비슷한 고민이 나오죠. "사느냐 죽느냐, 그것이 문제로다."

하지만 철학자들도 죽음에 대해서 모두 동일하게 사유하지는 않았습니다. 대체로 구분해보면, 죽음에 대한 철학자들의 관점은 대략 두 가지의 상반된 입장으로 나뉩니다. '죽음을 무시하고 살아라' 하고 주장하는 쪽과 '죽음을 숙고해야 한다'고 주장하는 쪽입니다. 양쪽 주장의 배경을 살펴보기로 하겠습니다.

먼저 '죽음을 무시하라'고 주장하는 철학자의 대표주자는 에피쿠로스Epicurus, 341~271 BC 입니다. 그는 죽음에 대해 이렇게 주장했습니다. "죽음은 우리에게 아무것도 아니다. 왜냐하면 우리가 존재하는 한 죽음은 우리와 함께 있지 않으며, 죽음이 오면 이미 우리는 존재하지 않기 때문이다." 그에 따르면, 죽음은 산 사람이나 죽은 사람 모두에게 아무 상관이 없는 주제입니다. 살아 있는 사람에게는 아직 죽음이 오지 않았기에 그렇고, 죽은 사람은 이미 존재하지 않기 때문에 아무런 상관이 없습니다.

이에 대해 그는 다음과 같이 부연 설명했습니다. "실제로 일어날 시점에 아무 문제도 야기하지 않을 어떤 일을 두고 미리 걱정하는 것은 부질없는 짓이다." 여기서 그가 말한 '어떤 일'이란 죽음을 뜻합니다. 말하자면, 죽음이 실제로 발생할 시점에서는 본인에게 아무런 문제를 일으키지 않는데, 괜히 그것 때문에 미리 걱정할 필요가 없다는 것입니다. 자신이 죽으면 세상도 끝나버리니까 아무 문제될 게 없다는 논리입니다. 즉, 죽음은 살아 있는 사람에게는 불필요한 걱정이라는 뜻입니다. 따라서 죽음에 대해 고민하지 말고, 살아 있음에 집중하라는 것입니다.

죽음을 무시하라는 에피쿠로스의 주장에 동의가 되나요? 실천할 수 있는가의 문제를 별개로 하면, 에피쿠로스의 주장은 논리적으로 매우 타당한 면이 있습니다. 스피노자도 에피쿠로스의 관점과 비슷한 주장을 했습니다. 그는 이렇게 주장했습니다. "자유로운 인간은 결코 죽음을 생각하지 않으며, 그의 지혜는 죽음이 아니라 삶에 대한 성찰이다." 스피노자도 죽음을 생각하기보다는 삶에 대해 성찰하는 것이 더욱 지혜롭다고 보았습니다. 결국 죽음을 무시하라고 주장하는 철학자들은 그 주장을 통해 죽음보다 삶에 집중하라는 메시지를 던지고 있습니다. 죽음을 생각해봐야 어쩔 도리가 없으니 죽음보다는 삶에 충실하라는 뜻입니다.

'죽음을 숙고하라'고 주장하는 사람도 있습니다. 하이데거가 대표적인 인물입니다. 그는 "죽음을 향해 미리 달려가라"고 조언했습니다. 죽음을 향해 달려가라는 하이데거의 주장이 자칫 과격하게 들리기도 합니다. 그는 왜 죽음을 향해 달려가라고 말한 것일까요? 그 이유는 우리가 죽음의 가능성을 염두에 둘 때 오히려 죽음으로부터 자유로워져서 한층 더 현실에 충실할 수 있기 때문입니다. 우리가 넘어설 수 없는 죽음의 운명 앞에 서면, 여러 현실적 가능성 가운데 가장 중요한 것만 선택하게 됩니다. 예를 들어보겠습니다.

어떤 사람이 암에 걸려 3개월밖에 못 산다는 선고를 받았습니다. 안타까운 상황이죠. 그 상태에서 그는 생의 마지막 3개월 동안 무엇을 할까요? 그 상황에서도 돈이나 명예, 권력 따위를 얻으려고 노력할까요? 그렇지는 않을 것입니다. 남은 생애를 가장 소중한 일에 집중할 것입니다. 죽음이 당사자로 하여금 가장 소중한 일에 집중하게 만들어주는 셈입니다. 이처럼 우리가 죽음을 눈앞에 두게 되면, 남은 생애 동안 가장 소중하고 의미 있는 일을 선택하게 되기 때문에 죽음을 숙고할 필요가 있다는 논리입니다. 죽음을 숙고한다는 것의 가장 큰 효과는 현실에서 가장 중요한 일로 시선을 돌리게 해준다는 점입니다. 남아 있는 시간이 별로 없기 때문에 불필요한 일에 신경을 쓸 여유가 없습니다. 이렇듯 죽음은 현실의 여러 가능성 앞에서 올바른 선택을 하도록 도와준다는 면에서 긍정적입니다.

'죽음을 무시하라'는 에피쿠로스와 '죽음을 숙고하라'는 하이데거의 주장 중에서 어느 쪽이 더 옳다고 생각하세요? 어느 쪽이 더 끌리나요? 사실 철학자의 주장을 들어보면 모두 나름의 일리가 있습니다. 그러니까 '철학자'라는 영광스러운 호칭이 붙는 것입니다. 그래서 일반인들이 철학자의 주장을 들어보면 이 사람 얘기도 맞는 것 같고, 저 사람 얘기도 맞는 것 같고 그렇습니다. 그러면 달리 한번 물어보겠습니다. 에피쿠로스와 하이데거는 서로 상반된 주장을 하고 있는 것일까요? 그렇지 않습니다. 얼핏 보면 그들이 서로 다른 주장을 하고 있는 듯 보이지만 실은 동일한 주장을 하고 있습니다. 그것은 바로 '현실의 삶에 충실하라'는 충고입니다. 에피쿠로스는 현재의 삶에 충실하기 위한 방법론으로 '죽음을 생각지 말라'고 한 반면, 하이데거는 현재의 삶에서 중요한 일에 집중하기 위해 '죽음을 향해 달려가라'고 한 것입니다. 경로의 차이만 있을 뿐 목적지는 동일한 셈입니다.

메멘토 모리Memento mori라는 말을 들어보셨나요? 이 말은 라틴어로 '죽음을 기억하라'는 뜻입니다. 우리는 왜 죽음을 기억해야 할까요? 그것은 자신이 언젠가는 죽을 존재라는 사실을 각성하는 일이 살아 있는 순간들을 가치 있게 만들기 때문입니다. 만약 우리가 영원히 죽지 않고 살 수 있다면 그것은 축복일까요? 절대 그렇지 않습니다. 만약 우리가 영원히 죽지 않고 산다면, 그것은 재앙일지도 모릅니다. 한번 생각해보세요. 영원히 죽지도 않는데 굳이 지금 당장 가치 있는 일이나 새로운 시도를 할 필요가 있을까요? 내일도 있고, 모레도 있는데…. 자신에게 주어진 시간이 무한정이라면 굳이 지금 당장 급하게 서둘 필요가 없습니다. 이는 휴가가 일주일밖에 없는 사람과 10년의 휴가가 주어진 사람 중에 누가 더 휴가를 알차게 보낼지 생각해보면 쉽게 이해가 될 겁니다.

그래서일까요? 미술사에는 죽음을 기억하라는 메시지를 전하는 그림도 많습니다. 대표적인 작품이 다음 페이지에 소개한 한스 홀바인Hans Holbein, 1497~1543의 〈대사들The Ambassadors〉입니다.

그림을 보면서 죽음을 기억하라는 뜻의 '메멘토 모리'라는 단어가 연상되나요? 아마도 '이 그림이 어떻게 죽음과 관련이 있지?' 하면서 의아하게 생각한 사람도 있을 것입니다. 하지만 홀바인은 〈대사들〉이라는 그림을 통해 죽음을 경고하고 있습니다. 어디에 그런 경고가 그려져 있냐고요? 우선 그림에 대해 간단히 설명드리겠습니다.

그림 속에는 각종 책이나 과학 도구 등이 가득한 선반을 사이에 두고 두 남자가 나란히 서 있습니다. 왼쪽 남자는 1533년 당시 영국에 파견되었던 프랑스 외교관 장 드 당트빌이며, 오른쪽의 남자는 프랑스 라보르의 주교 조르주 드 셀브입니다. 그들이 입은 옷의 차림새나 풍모로 보아 잘나가는 귀족 출신임을 알 수 있습니다.

한스 홀바인, 〈대사들〉
1533

제목에서도 알 수 있듯이, '대사들'입니다. 게다가 주변에 배치된 사물들, 그러니까 선반 위의 각종 과학 도구들과 터키산 카펫, 그리고 하단의 지구본과 악기 등을 감안할 때 최신 학문에 대한 지식과 그에 상응하는 부를 갖춘, 그야말로 엘리트 계층임을 짐작할 수 있습니다.

　남성의 나이는 어떻게 될까요? 그림으로는 쉽게 짐작하기 어렵지만, 홀바인은 좌측 남성이 들고 있는 단검과 우측 남성이 팔을 걸치고 있는 책에 각각의 나이를 적어두고 있습니다. 그림에 따르면, 그들의 나이는 각각 29세와 25세입니다. 20대 중후반의 나이에 '대사'라는 직함을 달고 있을 정도니 얼마나 잘나가는 사람인지 알 수 있는 대목입니다.

　죽음은 어디에 나타나 있을까요? 그림에서 무엇보다 관심을 끄는 것은 하단 중앙부에 비스듬히 그려져 있는 물체입니다. 물체의 형상이 심하게 왜곡되어 무엇을 그렸는지 알아보기 힘들지만, 그 물체는 해골입니다. 이 그림을 우측에서 비스듬히 쳐다보면 해골 모양이 선명하게 드러납니다. 이외에도 이 그림 속에는 죽음을 상징하는 요소들이 곳곳에 배치되어 있습니다. 작아서 잘 보이지는 않지만 좌측 남성의 모자에도 해골 모양의 자수가 새겨져 있고, 좌측 상단 커텐 뒤에는 십자가에 못 박힌 예수 그리스도의 모습을 그려놓고 있습니다. 이러한 요소들이 사람은 누구나 죽는다는 점을 상기시켜 인간의 허영심을 경계하려는 화가의 의도로, 메멘토 모리의 상징이라고 볼 수 있습니다.

홀바인의 작품 〈대사들〉에 나오는 죽음의 상징들

이 그림의 주문자는 왼쪽 남성인 프랑스 외교관 장 드 당트빌입니다. 그는 1533년 영국과 교황청의 분쟁을 중재하기 위해 영국으로 파견되어 있었으나 임무가 쉽게 해결되지 않아 예상보다 긴 시간을 영국에서 보내고 있었습니다. 이 그림은 그가 영국에 머무는 동안 제작된 것으로 당시 영국의 궁정화가인 한스 홀바인에게 주문하여 제작한 초상화입니다. 홀바인은 잘나가는 젊은 대사에게 넌지시 경고하고 싶었는지도 모릅니다. '네가 아무리 잘나가도 언젠가는 죽을 수밖에 없으니 너무 자만하지 말거라' 하고 말이죠.

인간은 누구나 언젠가는 죽을 수밖에 없는 운명입니다. 하지만 죽음이 반드시 나쁜 것만은 아닙니다. 삶은 영원하지 않고 유한하기 때문이 우리는 현재 삶을 긍정할 수도 있고, 삶의 의미와 가치를 찾을 수도 있습니다. 죽지 않고 영원히 산다는 것은 축복이 아니라 재앙일 수도 있습니다. 죽지 않는다면 현재 삶의 의미는 아무래도 반감될 수밖에 없습니다. 죽음이 있기에 살아 있음이 더욱 의미가 있습니다. 따라서 우리는 죽음을 지나치게 의식하거나 죽음의 순간을 두려워 할 필요가 없습니다. 우리에게 필요한 것은 죽음이 아니라 삶에 대한 의식입니다. 중요한 것은 '현재의 삶을 얼마나 충실하게 사는가' 하는 것입니다. 나는 오늘 얼마나 현재에 충실한 삶을 살고 있는지 스스로 한번 생각해보는 것도 좋지 않을까요?

07

Despair

절망

절망은 죽음에 이르는
병이다

절규(에드바르 뭉크, 1893)

울고 있는 젊은이(조지 클로젠, 1916)

미술美術이란 말 그대로, 아름다움을 표현하는 예술입니다. 아름다움을 화폭에 담는 작업이라고 할 수 있죠. 그런데 화가가 그린 그림이 모두 아름다움을 표현하는 것은 아닙니다. 미적인 것과는 거리가 먼 경우도 있습니다. 노르웨이의 표현주의 화가인 에드바르 뭉크Edvard Munch, 1863~1944의 〈절규Skrik〉도 그런 유형 중 하나입니다. 먼저 그림부터 잠시 감상하도록 하겠습니다.

거친 붓질과 요동치는 선, 왜곡된 형상을 특징으로 하는 이 그림의 배경은 노르웨이 오슬로(당시 크리스티아니아)의 이케베르크 언덕에서 보이는 피오르 해변입니다. 하늘은 핏빛으로 불타고 있으며, 뒷배경의 마을과 바다는 암청색으로 물들어 있습니다. 화면 중앙에 위치한 해골 같은 얼굴의 남성은 공포에 질린 듯 절규하고 있습니다. 전체적으로는 오싹하고 괴기한 느낌으로 통상적인 아름

에드바르 뭉크, 〈절규〉
1893

다움과는 거리가 있는 작품입니다. 뭉크는 왜 이런 그림을 그린 것일까요?

—

친구 둘과 함께 길을 걸어가고 있었다. 해질녘이었고 나는 약간의 우울함을 느꼈다. 그때 갑자기 하늘이 핏빛으로 물들기 시작했다. 그 자리에 멈춰선 나는 죽을 것만 같은 피로감으로 난간에 기댔다. 그리고 핏빛 하늘에 걸친 불타는 듯한 구름과 암청색 도시가 있었다. 그때 자연을 관통하는 그치지 않는 커다란 비명소리를 들었다.

—

뭉크가 〈절규〉를 그리게 된 계기를 설명하면서 적은 글입니다. 뭉크는 내면의 불안과 공포, 실존적 고통 등 자신의 심리상태를 화폭에 담았습니다. 그래서 사람들은 그를 두고 '풍경 화가'가 아닌 '표현주의 화가'라 부르는 것입니다. 이처럼 〈절규〉는 화가의 절망적인 심리상태를 역동적인 곡선과 거친 터치로 표현한 작품입니다. 뭉크는 작품을 통해 오슬로 피오르 해변의 풍경을 그린 것이 아니라 자신의 절망적인 심리상태를 표현한 것입니다. 만약 당시 그의 심리상태가 평온하고 행복했다면 작품의 표현은 사뭇 달라졌을 것입니다.

요즘 자주 사용하는 표현 중에 '이생망'이란 말이 있습니다. '이번 생은 망했어'라는 표현의 줄임말인데, 이번 생에는 아무런 희망조차 가질 수 없어서 인생 전체가 절망적이라고 단정하는 경우에 사용하는 표현입니다. 인생 전체가 절망이라니 참으로 안타까운 상황이 아닐 수 없습니다. 평소 '이생망'이라는 말을 입에 달고 다니는 사람은 뭉크의 〈절규〉를 보면서, 마치 자기 인생이 그림과 같다고 생각할 가능성이 농후합니다.

인생 전체는 아니더라도 인생을 살다 보면 사람은 누구나 한 번씩은 절망을 경험할 때가 있습니다. 이성에게 프러포즈했으나 번번이 거절을 당할 수도 있고, 취업 준비생이 수십 통의 이력서를 쓰고도 취업에 실패할 수도 있습니다. 또, 이것저것 사업을 해봤지만 매번 실패해서 이제 의욕마저 잃어버린 사업가도 있습니다. 이들의 공통점은 무엇인가 간절히 원했지만 끝내 그것을 얻지 못했고, 심지어 더 이상 희망조차 갖지 못하는 상태에 처했다는 것입니다. 한마디로 '절망'에 빠진 셈입니다. 절망이 심해지면 어떻게 될까요? 삶의 의욕이 없어지고, 생의 의지마저 꺾이기도 합니다. 아무런 희망조차 가질 수 없기에 차라리 죽고 싶다는 생각이 들 수도 있습니다. 매우 위험한 상황이죠.

이 대목에서 우리는 절망과 유사해 보이지만 실제로는 서로 다른 개념을 비교해볼 필요가 있습니다. 뭔가 하면, 바로 '실망'입니다. 실망과 절망은 어떻게 다를까요? 실망失望이란 '바라던 일이 뜻대로 되지 않아서 마음이 몹시 상한 상태'를 말합니다. 하지만 그렇다고 해서 희망마저 끊어버린 상태는 아닙니다. 반면, 절망絶望은 실망이 심해져서 말 그대로 '희망을 끊은 상태'를 말합니다. 모든 희망을 끊어버렸기에 당사자는 죽은 것이나 다름없습니다. 실망과 절망은 둘 다 인생이 뜻대로 풀리지 않는다는 점에서는 동일하지만, 계속 희망을 품고 있는가 아니면 그것마저 없애버렸는가 하는 점에서 차이가 있습니다. 따라서 어떤 일에 실망은 했지만 절망에까지 이르지 않았다면 '이생망'이라는 표현을 입에 올리지는 않습니다. 그는 여전히 희망의 끈을 놓지 않았기 때문입니다.

실존주의 철학자 키르케고르Søren Kierkegaard, 1813~1855는 절망에 대해 이렇게 단언했습니다. "절망은 죽음에 이르는 병이다." 그에 따르면, 인간에게 절망이란 마음의 상태가 아닙니다. 질병입니다. 그것도 당사자를 죽음에 이르게 할 만큼 치명적인 질병입니다. 지나친 표현처럼 들릴 수 있으나, 간혹 절망이 심해져서 극단적인 선택을 하는 사람이 있는 걸 보면 키르케고르의 주장이 전혀 틀린 말은 아닌 듯싶습니다. 심한 절망은 당사자를 죽음으로 내몰 수도 있습니다. 하지만 키르케고르의 주장은 그렇게 단순하지만은 않습니다. 그의 주장 속에는 이것보다 훨씬 심오한 통찰이 숨어 있습니다.

키르케고르는 죽음에 이르게 하는 병인 절망에 대해 "정신의 병이자, 자기 내부의 병"이라고 주장했습니다. 무슨 말인가 하면, 우리가 흔히 '무엇인가에 절망했다'고 말할 때 이 상태는 단순히 '무슨 일'에 대해 절망한 것처럼 보입니다. 하지만 이는 잘못된 진단입니다. 그 상태는 '무슨 일'에 절망한 것이 아니라 '자기 자신'에게 절망한 것입니다. 즉, 절망의 원인이 '어떤 행위나 대상'에 있는 것이 아니라 절망하고 있는 주체인 '자기 자신' 때문이라는 것이 키르케고르의 통찰입니다. 이해를 돕기 위해 예를 들어보겠습니다.

　여기 여러 명의 여성에게 프러포즈를 한 남성이 있습니다. 그는 열렬히 구애했음에도 매번 상대방의 마음을 얻는 데 실패했습니다. 그 일 때문에 그는 크게 낙담했고, 그 결과 앞으로는 더 이상 구애를 할 용기마저 사라져버렸습니다. 절망에 빠진 것입니다. 이 경우, 남성은 무엇 때문에 절망에 빠진 것일까요? 이 상황에서 남성은 '여러 번 구애에 실패했다는 사실' 때문에 절망한 것이 아닙니다. 그는 구애에 실패한 '자기 자신'에게 절망하고 있는 것입니다.

　'둘 다 똑같은 것 아닌가' 하고 생각하는 사람이 있을지도 모르겠습니다. 하지만 그 둘 사이에는 엄연한 차이가 있습니다. 무엇일까요? 각각의 경우를 구분해서 논의해보기로 하겠습니다. 먼저 여러 차례 구애에 실패한 사실 때문에 낙심하고 있는 남자의 경우를 생각해보시죠. 그는 지금 상대 여성의 마음을 얻지 못해 실망하고 있습니다. 하지만 상황이 절망적이지는 않습니다. 왜냐하면 곧 새로운 희망을 품을 수도 있기 때문입니다. 어떻게 그것이 가능할까요? 상대를 바꾸면 됩니다. '세상에 여자가 너 뿐이냐' 하면서 '쿨'하게 생각하고 다른 여성을 찾아가면 됩니다. 아마도 남성에게 새로운 여성이 나타나면, 그는 언제든지 다시 프러포즈를 시도할 것입니다. 말하자면, 이 경우는 특정 대상이나 구애한 사실 때문에 낙심하여 실망을 하긴 했지만 절망까지는 가지 않았습니다. 이처럼 실망은 했지만 절망하지 않은 사람은 여전히 새로운 사랑을 찾아 나설 수 있습니다.

이와 달리 자기 자신에게 절망한 경우라면 얘기가 다릅니다. 그는 이제 더 이상 그 어떤 희망도 품을 수가 없습니다. '나는 왜 이리도 못났는가' 하면서 자기 자신에게 절망했기 때문입니다. 따라서 시간이 지나 새로운 인연의 가능성이 나타나더라도 그는 더 이상 프러포즈를 시도조차 하지 않을 것입니다. 이미 자기 자신에게 절망했기 때문에 어느 누구도 자신의 구애를 받아주지 않을 거라고 생각하거든요. 이처럼 대상이나 사건 때문에 절망하는 것보다 자기 자신에게 절망한 경우가 훨씬 더 큰 고통과 후유증을 남깁니다.

요즘 학생들 사이에서 사용하는 말 중에 '수포자'라는 용어가 있습니다. 수포자란 '수학을 포기한 사람'을 뜻합니다. 요즘은 수학 시험이 하도 어려워서 초등학교 고학년만 되어도 수포자가 나온다고 합니다. 수포자는 수학에 대해 절망한 자라고 볼 수 있는데요. 이 경우도 마찬가지입니다. 수포자는 낮은 '수학 성적' 때문에 절망한 것이 아닙니다. 수학을 잘하지 못하는 '자기 자신'에게 절망한 것입니다. 그래서 수학 자체를 포기한 것입니다. 이런 사람은 쉬운 수학 문제가 나와도 지레 겁을 먹고 포기해버립니다. 그 결과, 다시 한 번 수학 공부를 해봐야겠다는 엄두조차 내지 못하게 됩니다. 이처럼 자기 자신에게 절망한 경우는 매우 심각한 질병입니다. 절망으로 인해 더 이상 새로운 희망조차 갖지 못하게 만들거든요. 그래서 절망에 빠질 일이 있더라도 가급적 자기 자신에게 절망하는 일이 없었으면 합니다.

절망에 빠진 사람은 어떻게 해야 할까요? 절망을 가져다준 상황을 지나치게 심각하게 해석하지 않는 편이 현명합니다. 키르케고르는 인간이라면 누구나 절망을 피해 갈 수 없다고 보았습니다. 심지어 그는 절망이라는 병에 걸린 적이 없다면 그것은 오히려 불행한 일이라고 주장했습니다. 그는 이렇게 말합니다. "절망이란 병이기도 하지만, 그 병에 걸려본 적이 없다는 것은 최대의 불행이다." 절망이 병이기도 하지만 누구나 한 번씩은 걸리는 병이라서, 오히려 한 번도 안 걸려본 사람이 불행하다는 논리입니다. 키르케고르는 왜 그러한 주장을 하는 것일까요?

키르케고르에 따르면, 절망은 희귀한 질병이 아닙니다. 인간이라면 누구나 걸리는 병입니다. 만약 누군가가 "나는 절망하고 있지 않다"고 말한다면, 그것은 자신의 정신이 절망하고 있는 현실을 충분히 자각하지 못한 상태일 뿐입니다. 이런 사람은 오히려 절망에서 빠져나오기가 더 어렵습니다. 이에 대해 키르케고르는 이렇게 주장했습니다. "개인의 절망이 자각되지 못하고 은폐될 때 그것은 가장 무서운 병이 된다." 요컨대, 절망에 빠진 사람이 그 사실을 인식하지 못하거나 감추면 더 큰 병으로 발전할 수 있습니다.

그렇기 때문에 절망은 감추기보다는 드러내는 편이 더 좋습니다. 절망을 감추는 사람보다는 "나는 지금 절망하고 있다"고 솔직하게 말하는 사람이 구원을 받을 가능성이 훨씬 높기 때문입니다. "나는 병에 걸렸어"라고 말하는 사람이 "나는 아무런 병이 없어"라고 말하는 사람보다 치료받을 가능성이 더 높은 것과 같은 이치입니다. 결국 절망이라는 병에 걸리지 않는 게 중요한 것이 아니라 그 병을 자각하지 못하거나 알고도 방치하는 것이 더욱 위험한 일입니다.

절망을 죽음에 이르는 병이라고 주장한 키르케고르는 절망을 부정적으로만 사유하지 않았습니다. 질병의 속성을 가진 절망이 한편으로는 구원의 기회가 되기도 하기 때문입니다. 이는 살면서 한 번도 병에 걸리지 않은 사람보다, 병에 걸린 후 치료에 성공한 사람이 더 건강한 삶을 살 수 있는 것과 같은 이치입니다. 이런 관점으로 보자면, 인생에서 한두 번씩 겪게 되는 절망은 오히려 질병에 대한 항체를 형성할 수 있는 좋은 기회가 되기도 합니다. 따라서 이제 우리는 절망을 지나치게 무서워하거나 피할 필요가 없겠습니다. 자기 자신에게 절망하지 않는다면, 어쩌면 그 절망이 우리를 더욱 단단하고 강하게 만들어줄지도 모릅니다.

뭉크의 〈절규〉에 이어 절망을 그린 작품을 하나 더 감상하도록 하겠습니다. 영국화가 조지 클로젠George Clausen, 1852~1944의 〈울고 있는 젊은이Youth Mourning〉입니다. 밀레, 모네, 피사로 등의 영향을 받아서 인상주의 화풍을 주로 그렸던 그는 1차세계대전 당시 전쟁으로 딸의 약혼자가 사망하는 사건을 겪게 됩니다. 이 그림은 그의 딸을 생각하면서 그린 것으로 추정됩니다.

삭막한 들판과 어두운 바다를 배경으로 아무것도 걸치지 않은 여인이 누군가의 무덤 앞에 엎드려 울고 있습니다. 전쟁으로 약혼자를 잃은 슬픔은 여인을 절망에 빠뜨렸습니다. 어둡고 추운 곳에서 하얀 알몸으로 울고 있는 그녀의 모습이 보는 이로 하여금 더

조지 클로젠, 〈울고 있는 젊은이〉
1916

욱 슬픔에 빠져들게 만듭니다. 그녀는 앞으로 어떻게 살아갈까요? 상처를 딛고 일어나 예전의 모습으로 돌아갈 수 있을까요? 현재로서는 알 수 없습니다.

　살다 보면 큰 불행이 찾아와서 상처를 받거나 슬픔에 빠질 때가 있습니다. 대표적인 경우가 사랑하는 사람을 잃었을 때입니다. 클로젠의 〈울고 있는 젊은이〉에서도 여인은 약혼자의 갑작스러운 죽음으로 인해 큰 슬픔과 절망에 빠졌습니다. 이처럼 사랑하는 사람이 곁을 떠나는 사건은 당사자에게 큰 상처를 남깁니다. 한편 남겨진 사람은 그 상처를 견디며 살아가야 합니다. 사실 보통 사람들의 삶은 알게 모르게 상처로 얼룩져 있습니다. 본래 인간의 목숨은 유한하기 때문에 사랑하는 사람이 곁을 떠나는 사건은 어느 누구도 피해갈 수 없는 운명이거든요. 하지만 그럼에도 그런 일이 발생하면 예외 없이 슬픔에 빠집니다.

　사랑하는 사람을 잃은 사람이 흔히 겪게 되는 감정 상태로는 '애도'와 '우울증'이 있습니다. 애도와 우울증은 어떻게 다를까요? 애도哀悼란 '죽음을 슬퍼함'을 뜻하는데, 사랑하는 사람이나 대상을 잃고 나서 느끼는 슬픈 감정을 뜻합니다. 말하자면 대상의 상실로 인한 슬픔을 말합니다. 여기서 대상이란 사람에 국한되지 않습니다. 어떤 물건이나 동물일 수도 있고, 조국이나 명예처럼 추상적인 것일 수도 있습니다. 가령, 집에서 키우던 반려견을 잃어도 슬픔에 빠질 수 있고, 나라를 잃는 사건으로 슬퍼할 수도 있습니다.

　애도란 사랑하는 대상을 잃고 나서 느끼는 슬픈 감정으로 매우 자연스러운 반응입니다. 만약 어떤 사람이 사랑하는 사람을 잃고 나서도 전혀 슬퍼하는 기색이 없다면 이는 사람이 아니라 로봇에 가깝습니다. 이처럼 우리는 사랑하던 대상이 곁을 떠나는 사건이 발생하면 예외 없이 슬퍼하면서 애도의 감정에 휩싸입니다. 요컨대 애도란 사랑하는 대상을 잃고 나면 저절로 생기는 감정입니다.

애도의 감정은 왜 발생하는 것일까요? 정신분석학자인 프로이트는 인간의 마음을 기계에 비유하면서, 기계를 움직이는 데도 에너지가 필요하듯이 마음이 작동하는 데도 에너지가 필요하다고 보았습니다. 그는 이러한 에너지를 리비도Libido 라고 불렀습니다. 리비도란 본능적인 에너지의 일종인데, '마음을 움직이게 만드는 정신적 에너지'라고 볼 수 있습니다. 우리가 누군가를 사랑하기 위해서는 리비도, 즉 정신적 에너지를 사용해야 합니다. 누군가를 사랑한다고 하면서 다른 곳에 정신적 에너지를 쏟고 있다면 이는 제대로 사랑하는 것이 아닙니다.

결국 우리가 누군가를 사랑한다는 것은 그 대상에게 리비도를 투여하고 있기 때문입니다. 따라서 자신이 정신적 에너지를 투여한 대상을 잃게 되면 슬픔의 감정에 휩싸일 수밖에 없습니다. 그동안 자신이 투여했던 정신적 에너지가 한순간에 허사가 되었기 때문입니다. 조금 속되게 말하면, 그동안 그 대상에게 감정적 에너지를 너무 많이 써서 이른바 '본전' 생각이 날 수도 있습니다. 클로젠의 작품 속 여인도 그동안 약혼자에게 리비도를 많이 투여한 것으로 추정됩니다. 그래서 그가 곁을 떠나자 큰 슬픔에 빠진 것입니다. 결국, 사랑하는 대상을 상실한 사람이 애도의 감정에 휩싸이는 이유는 그동안 투여했던 리비도의 대상이 갑자기 사라졌기 때문입니다.

주변 사람들은 애도의 감정에 빠진 사람에게 어떻게 대하는 것이 좋을까요? 만약 여러분이 클로젠의 작품 속 여인과 친한 친구라면, 전쟁 중에 약혼자를 잃은 그녀에게 어떻게 대하겠습니까? 이런 상황이라면 친구에게 위로의 말을 건네는 것이 좋을까요, 아니면 가만 내버려두는 편이 더 나을까요? 사실 이런 경우는 꽤나 난감한 상황입니다. 위로를 해주고 싶지만 어떤 말을 건네야 좋을지 판단조차 어렵습니다. 이런 경우라면 아무 말없이 곁을 지켜주는 것이 상책일 수 있습니다.

사실 사랑하는 사람을 잃어서 슬픔에 빠진 사람에게는 위로를 해줘도 별다른 도움이 되지 않는 경우가 많습니다. 애도의 감정은 사랑하는 사람을 잃어버린 데 따른 자연스러운 반응이어서 그것이 아무리 격심하다 해도 치료를 요하진 않습니다. 대부분 충분히 슬퍼하고 나면 아픔은 가라앉고 다시 원상태로 회복됩니다. 프로이트도 이렇게 주장했습니다. "애도는 아무리 고통스럽더라도 저절로 끝난다." 요컨대, 사람들은 대상의 상실로 인해 일시적으로 슬픔에 빠지지만, 시간이 지나면 상처를 딛고 일어나 일상으로 돌아오게 됩니다. "시간이 약이다"라는 속담도 그래서 나온 것입니다.

하지만 모든 사람이 원상회복이 되는 것은 아닙니다. 시간이 지나도 좀처럼 슬픔의 감정에서 벗어나지 못하는 경우도 있습니다.

간혹 사랑하는 이를 잃고 난 후 그 사실을 좀처럼 인정하지 않는 사람도 있습니다. 클로젠의 작품 속 여인이 약혼자를 잃고 난 뒤에도 "이건 현실이 아니고 꿈일 뿐이야"라면서 현실을 부정하고 계속 슬퍼할 수도 있습니다. 이런 상태는 정신분석학적으로 말하면, 어떤 대상에게 투여했던 리비도를 그 대상을 잃고 난 뒤에도 좀처럼 회수하지 못하는 경우입니다. 이게 심해지면, 어떤 환상을 통해 그 대상이 여전히 눈앞에 있다고 착각하기도 합니다. 이런 상황은 애도의 감정을 넘어 우울증으로 발전한 경우라 할 수 있습니다.

프로이트는 1917년에 발표한 〈애도와 우울증〉이라는 논문에서 애도와 우울증을 구분했습니다. 그에 따르면, 애도란 사랑하는 사람을 잃어버린 데 따른 자연스러운 반응입니다. 대상의 상실 때문에 생긴 슬픔으로, 어느 정도 시간이 지나면 저절로 사라지는 감정입니다. 반면에 우울증은 상실로 인한 극한의 고통 때문에 자신을 잃어버린 상태입니다. 프로이트는 이렇게 주장했습니다. "애도의 경우에 빈곤해지는 것은 세상이지만, 우울증의 경우에는 자아가 빈곤해진다." 애도에 빠진 사람은 대상을 상실했지만 자신까지 잃어버리지는 않습니다. 반면, 우울증에 빠진 사람은 대상의 상실로 인해 자신에 대한 사랑의 감정마저 증발해버리고 맙니다. 따라서 시간이 지나도 원상태로 회복되기 어렵습니다. 요컨대, 애도보다는 우울증이 보다 심각한 상태입니다.

우울증에 빠지지 않기 위해서는 어떻게 해야 할까요? 노래 가사 중에 이런 대목이 있죠. "사랑이 또 다른 사랑으로 잊혀지

네." 이 말은 우울증에 빠지지 않기 위한 방법으로 매우 유효한 조언입니다. 우리가 우울증에서 벗어나기 위해서는 그동안 대상에 쏟았던 정신적 에너지인 리비도를 거둬들여야 합니다. 사랑하는 사람에게 쏟았던 감정을 회수한 후, 그것을 다른 곳으로 돌려야 합니다. 떠나간 사랑은 잊고 새로운 사랑을 찾아 나서는 편이 현명합니다.

물론 이것은 매우 어려운 일입니다. 자신의 목숨을 바칠 정도로 사랑했던 사람에게 쏟았던 심리적 에너지를 거둬들이는 일은 보통 힘겨운 일이 아닐 것입니다. 프로이트도 "리비도를 거둬들이는 일은 거센 저항을 동반할 정도로 엄청나게 고통스러운 일"이라고 했습니다. 사실 프로이트의 주장은 실천하기가 어렵지만 결코 틀린 말은 아닙니다. 우리가 사랑하는 대상은 대부분 유한합니다. 사랑하는 사람도, 사랑하는 반려동물도 모두 언젠가는 우리 곁을 떠날 수밖에 없습니다. 따라서 잠시 애도의 시간을 가지되 그것이 오랜 시간 지속되어서는 곤란합니다. 과거의 사랑을 잊고 새롭게 정신적 에너지를 투여할 대상을 찾아나서야 합니다. 나를 떠나간 사람도 아마 내가 자기를 잊지 못해서 우울증에 시달리기보다 새로운 사랑을 찾아나서길 바라지 않을까요? 할 수만 있다면, 클로젠의 작품 속 울고 있는 여인에게도 프로이트의 조언을 들려주고 싶네요.

08

Philosophy

철학

철학의 주제는
참된 삶이다

아테네 학당(산치오 라파엘로, 1509~1511)

철학자의 사색(렘브란트, 1631)

프랑스 철학자 리오타르Jean-François Lyotard, 1924~1998는 철학자를
이렇게 정의한 바 있습니다. "철학자는 말을 방편 삼아 사는 영원
한 가난뱅이다." 그의 정의에서 유독 눈이 가는 단어는 '가난뱅이'
입니다. 말하자면, 철학자는 그럴듯한 말을 함으로써 사람들을 놀
라게 만들기는 하지만 정작 돈이 되지는 않는다는 뜻으로 읽힙니
다. 아닌 게 아니라 유명한 철학자의 면면을 살펴보면, 다들 공부
는 죽어라 했지만 돈을 많이 번 사람은 찾아보기 어렵습니다. 오죽
하면 《자본론》이라는 책을 집필하고 있던 마르크스를 향해 그의
어머니가 "아들아, 나는 네가 자본에 대해 책을 쓰는 것보다는 자
본을 좀 만들었으면 더 좋겠구나"라고 말했다는 일화가 전해지겠
습니까? 돈 안되는 철학책을 쓰느니 차라리 나가서 돈 좀 벌어오라
는 질책입니다.

철학자 몽테뉴Michel Eyquem de Montaigne, 1533~1592가 《수상록》에서 "가족들에게까지 경이로운 존재가 될 수 있는 사람은 극히 드물다"고 주장한 바 있듯이, 대개 철학자들은 집밖에서 찬사를 받는 경우는 많지만 집안에서 가족들에게 존경을 받는 경우는 극히 드뭅니다. 위대한 철학자 소크라테스의 부인인 크산티페가 희대의 악처悪妻라 불리게 된 배경에는 그녀의 본성이 포악해서라기보다는 남편 직업이 철학자인 탓이 큽니다. 가장인 남편이 돈도 변변히 벌어오지 않으면서 허구한 날 하는 짓이라고는 길거리에서 젊은이들을 붙잡고 잡담을 나누는 일이 고작이었기 때문입니다.

그래서인지 크산티페는 주변 사람들이 보든 말든 남편에게 욕설을 퍼붓고 물을 끼얹는 등 본성 사나운 장면을 자주 연출했다고 합니다. 한번은 이런 모습을 지켜본 주변 사람이 소크라테스에게 "그렇게 무서운 부인이면 차라리 헤어지지 그래요?"라며 조언을 건네자 소크라테스는 다음과 같이 답했다고 합니다. "그래도 반드시 결혼을 해라. 결혼을 하여 좋은 아내를 가지면 행복할 것이고, 나쁜 아내를 가지면 (나처럼) 철학자가 될 수 있다." 악처를 만나도 나쁜 것만은 아니라는 철학자다운 답변입니다.

크산티페와 달리 소크라테스를 굉장히 칭송하고 존경했던 사람도 있습니다. 대표적인 사람이 애플의 CEO였던 스티브 잡스Steven Paul Jobs, 1955~2011입니다. 그는 생전에 이런 말을 한 적이 있습니다. "소크라테스와 점심을 함께 할 수 있다면 애플이 가진 모든 기술을 내놓겠다." 정말 진심에서 우러나온 말인지에 대해서는 살짝 의구심이 들기도 하지만, 정보화시대를 선도했던 CEO가 무려 2,500여 년 전에 살았던 철학자와의 만남을 소망했다는 점에서는 새겨둘 만한 일화이기는 합니다. 위대한 철학자에게는 잘나가는 경영자조차 한 수 배우고 싶은 무엇인가가 있다는 뜻이니까요.

이처럼 철학자에 대한 평가는 상반되는 경우가 많습니다. 밥벌이와 무관한 지적 유희만을 즐기는 한량쯤으로 생각하는 사람이 있는가 하면, 탁월한 식견과 남다른 통찰력을 가진 고도의 지식인으로 추앙하는 사람도 있습니다. 예술가 중에도 철학자를 높게 평가하는 이도 적지 않습니다. 대표적인 사람이 르네상스 3대 거장 중 한 사람인 산치오 라파엘로Sanzio Raffaello, 1483~1520입니다. 그는 〈아테네 학당〉이라는 벽화에서 그리스 로마 시대를 빛낸 위대한 철학자들의 면면을 자세히 남겼습니다. 먼저 그의 작품부터 감상하기로 하겠습니다.

이 그림은 바티칸 사도 궁전의 '서명의 방Stanza della Segnatura'에 있는 벽화로 가로 770cm, 세로 500cm의 거대한 크기를 자랑합니다. 시스타나 성당에 있는 미켈란젤로의 〈천지창조〉와 함께 르네상스 시대의 프레스코화 기법을 잘 보여주고 있는 작품입니다. 라파엘로는 스물여섯이라는 젊은 나이에 당시 바티칸 교황으로부터 이 거대한 프로젝트의 작업을 의뢰받았습니다. 그만큼 잘나가는 화가였음을 알 수 있는 대목입니다.

작품 속에는 54명의 인물이 등장하는데, 그들은 모두 당대의 철학자, 천문학자, 수학자들입니다. 그중에서도 단연 돋보이는 주

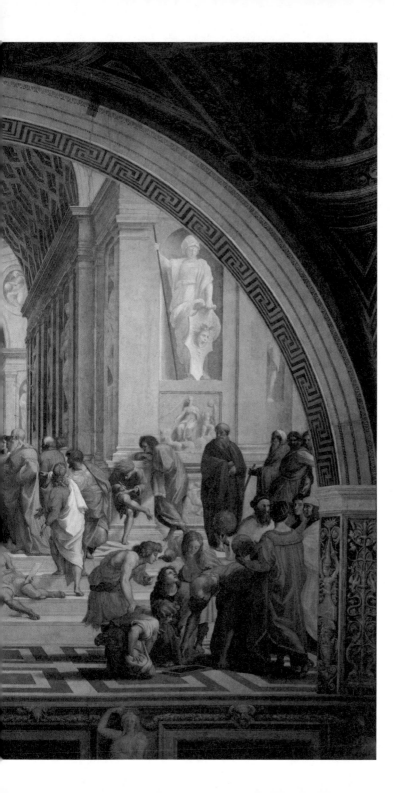

연은 회랑의 정중앙에 위치한 두 사람인데, 왼쪽의 빨간색 옷을 걸친 사람이 그리스 철학자 플라톤입니다. 그는 옆구리에 《티마이오스Timaeus》라 쓰인 책을 끼고 있고, 이데아를 설명하듯 손가락으로 하늘을 가리키고 있습니다. 플라톤의 옆에서 파란색 옷을 걸치고 있는 이는 그의 제자 아리스토텔레스입니다. 그도 역시 자신의 대표 저작인 《윤리학Eticha》을 왼손에 들고 있으면서 오른손으로는 현실세계를 뜻하는 지상을 가리키고 있습니다. 그들의 손은 두 철학자가 지향했던 사상의 방향을 지시하고 있는 셈입니다.

이외에도 옆 사람에게 손가락 세 개를 펼쳐 보이면서 삼단논법을 설파하고 있는 소크라테스, 책과 잉크병을 들고 앉아서 사람들에게 둘러싸여 있는 수학과 과학의 대가 피타고라스, 허리를 숙인 채 콤파스로 무언가를 그리고 있는 기하학의 아버지 유클리트, 계단에 비스듬히 누워서 햇살을 쬐고 있는 듯한 포즈의 견유학파 디오게네스, 화면 앞쪽에 자리하여 홀로 무언가를 골똘히 생각하고 있는 헤라클레이토스 등 당대의 내로라하는 철학자들의 모습도 보입니다. 한마디로 그리스 아테네를 대표하는 철학자들을 모두 모아놓은 그림입니다.

특이한 점은 작품이 걸려 있는 장소입니다. 그리스 철학자의 면면을 소개한 〈아테네 학당〉이 왜 교황의 숙소인 바티칸의 사도 궁전 벽에 장식되어 있는 것일까요? 바티칸이라면 당연히 모세나 예수 그리스도, 혹은 베드로나 요셉의 모습이 그려져야 마땅할 장소라 할 수 있는데 말이죠. 그 이유는 당시의 시대 정신이 학문과

왼쪽부터 소크라테스, 피타고라스, 유클리트, 디오게네스, 헤라클레이토스

예술의 부활을 의미하는 르네상스^{Renaissance}였기 때문입니다. 르네 상스는 문화의 절정기였던 고대 그리스 로마로 돌아가서 새로운 문 화를 부활시키려는 문화예술 부흥운동입니다. 르네상스 운동을 통 해 이제 신神이 아닌 인간이 역사의 중심으로 서게 되었습니다. 오 늘날 고도로 발전된 학문과 과학기술, 문화와 예술은 모두 르네상 스 부흥운동에 빚지고 있다고 해도 틀린 말은 아닙니다. 이러한 르 네상스의 결과로 신학을 제치고 철학이 최고의 학문으로 다시 등장 했고, 철학자는 바티칸에서도 이사야, 예레미아와 같은 선지자의 지위에 오르게 되었습니다.

르네상스 이후 철학은 사상의 영역에서도 매우 중요한 학문 으로 자리매김하게 되었습니다. 그 결과, 근대 이후 이름만 들어도 알 만한 유명 철학자들이 수없이 등장하여 사람들의 입에 오르내렸 습니다. 철학자는 철학의 중요성을 깨닫고 철학적 진리를 위해 공 부에 매진한 사람들입니다. 그들은 하나같이 철학을 공부해야 한다고 주장합니다. 예컨대, 그리스 철학자 에피쿠로스는 "젊은이건 늙은이건 철학을 탐구해야 한다"면서 철학 공부의 필요성을 강조한 바 있습니다. 이외에도 수많은 학자들이 (철학자가 아닌) 보통 사람들도 철학을 공부해야 한다고 주장합니다. 하지만 현실은 그들의 바람대로 흘러가고 있는 것 같지는 않습니다. 대체로 보통 사람들은 철학을 공부하려고 하지도 않고 가까이하려고 하지도 않거든요.

전공자도 아닌 일반인들은 왜 철학을 공부해야 할까요? 이 질문에 대해서는 여러 가지 답변이 있을 수 있습니다. 철학자 에피쿠로스는 이렇게 주장했습니다. "젊은 사람이 철학하기를 주저해서는 안 되며, 늙었다고 해도 철학에 싫증을 내면 안 된다. 왜냐하면 어느 누구도 마음의 건강을 얻기에 너무 이르거나 늦지 않았기 때문이다." 왜 철학을 공부해야 하는가에 대한 에피쿠로스의 답변은 '마음의 건강을 얻기 위해서'입니다. 그에 따르면, 철학이 없으면 헛된 욕망이나 불필요한 쾌락을 탐닉하게 되어서 오히려 그로 인해 마음의 평화를 얻기가 어렵습니다. 가령, 즐거움을 위해 마약이나 대마초에 손을 대면 일시적으로는 쾌락을 맛볼 수 있습니다. 하지만 그다음부터는 웬만한 자극에는 쾌락을 느끼지 못하게 되어 더 큰 괴로움에 빠질 수도 있습니다. 에피쿠로스는 이러한 현상의 원인을 철학의 부재에서 찾았습니다. 철학이 없어서 마음의 건강을 얻지 못한다는 뜻입니다.

노르웨이 철학자 군나르 시르베크Gunnar Skirbekk는 우리가 철학을 공부해야 하는 이유에 대해 이렇게 말합니다. "왜 철학을 공부하는가? 그 이유는 우리가 알고 있든 모르고 있든 항상 짊어지고 다니는 지성적인 짐의 일부이기 때문이다. 그래서 철학과 친숙해지는 편이 좋다." 시르베크는 일반인들도 자기가 원하건 원하지 않건 살면서 철학적 성찰을 해야 할 상황에 놓일 때가 있다고 보았습니다. 그 때문에 평소에 철학을 공부하는 것이 좋다는 입장입니다. 우리는 살면서 대립하는 관점을 만날 때가 종종 있습니다. 가령, 우리나라만 해도 무상급식을 하는 것이 좋은가 아닌가, 수능에서 정시를 늘려야 하나 수시를 늘려야 하나, 원자력 발전소를 없애야 하나 일부는 남겨두어야 하는가 등의 논쟁적인 이슈들이 수시로 등장합니다.

이런 사안에 대해서 정답이라는 것이 존재할까요? 그렇지 않습니다. 사람마다 자기가 처한 상황에 따라 입장이 다를 수 있습니다. 따라서 이런 이슈에 대해서는 서로 다른 관점의 사람들끼리 깊이 논의하고 합의를 도출해야 합니다. 그렇게 하기 위해서는 서로 다른 관점들을 인정하고 그것과도 친숙해져야 합니다. 그래야만 여러 관점들을 진지하게 살펴보고 최선안을 선택할 수 있기 때문입니다.

이때 자신과 다른 관점을 보고 그것이 합당한 것인지를 진지하게 분석하는 행위를 '철학적 성찰'이라고 부릅니다. 철학적 성찰이란 어떤 주장이나 관점에 대해 그것이 확실한지를 묻고 따지는 과정인데, 이때 필요한 것은 각자의 주장이 뒷받침할 만한 이유나 근거가 있는지를 생각하는 태도입니다. 각자의 '주장'이 중요한 것이 아니라 그 '주장의 근거'가 무엇인지가 더 중요하다는 뜻입니다. 그래야만 보다 확실한 인식에 이를 수 있고, 그러한 과정이 철학적 성찰입니다.

사람들이 어떤 이슈를 대할 때 철학적 성찰을 하지 않으면 어떻게 될까요? 서로 대립하는 주장에 대해 철학적 성찰을 하지 않으면 상대를 경멸하거나 독단에 빠지기 쉽습니다. 그래서 합의에 이르지 못하는 경우가 대부분입니다. 결국 철학을 한다는 것은 나의 입장이 아니라 상대방을 포함한 전체적인 관점에서 사태를 조망하여 보다 제대로 된 인식에 이르게 되는 것을 의미합니다. 보다 높은 수준의 생각이나 사유를 한다고도 볼 수 있습니다. 반면에 철학을 하지 않으면 자신이 알고 있는 것이 실은 '안다고 믿는 것'에 불과한 경우가 많습니다.

'아는 것'과 '안다고 믿는 것'은 어떻게 다를까요? 자신의 주장에 대한 근거가 있는지 여부에 따라 갈립니다. 자신의 주장을 뒷받침할 충분한 이유나 근거가 있으면 '아는 것'이지만 아무런 이유를 가지고 있지 않으면 '안다고 믿는 것'에 불과합니다. 그런데 현실에서는 사람들이 자신이 '안다고 믿는 것'에 불과한 것을 마치 진리나 진실인양 생각하는 경우가 있습니다. 예를 들어보겠습니다. 요즘에는 길거리를 다니다 보면, 젊은이들이 머리카락을 빨간색, 파란색, 초록색 등 온갖 색깔로 염색해서 다니는 경우가 있더군요. 이런 모습을 좋지 않게 본 어른이 젊은이에게 "자기 머리에 무슨 장난질을 저렇게 하는가!" 하면서 적극적으로 지적을 했다고 칩시다. 이러한 반응은 철학적 성찰의 결과라고 볼 수 있을까요?

얼핏 보기에는 주관적인 입장일 가능성이 높다고 생각되지만 단정하기는 어렵습니다. 어른의 주장에 합당한 근거나 이유가 있는가에 따라 판단은 달라질 수 있습니다. 가령, 젊은이를 향해 "자네는 왜 자기 머리에 그런 심한 장난을 하는가?" 하고 지적을 하면, 젊은이는 이렇게 반문할 것입니다. "왜 염색을 하면 안 되나요?" 젊은이는 지금 상대방의 주장에 대한 근거(이유)를 되묻는 것입니다. 이에 대해 "어른이 시키면 군말 없이 따라야지, 왜 그렇게 말대꾸야!"라고 말하는 경우가 있는가 하면, 어떤 사람은 "염색을 하면 염색약에 포함된 PPD라는 화학물질 때문에 피부염이 생길 수도 있고, 심한 경우에는 안면 부종이나 실명까지 될 위험도 있어서 그래!"라고 말할 수도 있습니다.

두 사람 중 누가 더 철학적일까요? 당연히 후자입니다. 후자는 자신의 주장을 뒷받침할 만한 합당한 이유를 대고 있기 때문입니다. 전자는 주장의 근거는 대지 못한 채 자기 입장만 되풀이하고 있습니다. 그렇게 되면 지적을 하더라도 상대방이 받아들이지 않을 가능성이 높습니다. 따라서 철학적이라고 보기 어렵습니다. 결국 철학을 한다는 것은 자기 입장만이 아니라 전체적인 시각에서 사태를 조망한 후, 합리적이고 이성적인 결론을 내린다는 뜻입니다. 보다 높은 수준의 사유라 하겠습니다.

영미 철학자 비트겐슈타인Ludwig Josef Johann Wittgenstein, 1889~1951은 철학의 목적을 이렇게 말했습니다. "철학의 목적은 사고의 논리적 명료화에 있다." 결국 철학을 한다는 것은 자신의 생각에 대한 논리를 갖추는 행위입니다. 그런데 현실에서는 철학적이지 못한 생각, 다시 말해 논리를 갖추지 못한 생각이나 주장을 하는 경우가 많습니다. 가령, 어른들은 아이들에게 '한국에서는 무조건 대학을 나와야 한다'거나 '결혼을 하면 무조건 자녀를 낳아서 대를 이어야 한다'고 말하는 경우가 있습니다. 경험으로 보자면, 일견 타당해 보이기도 하지만 이런 주장에도 근거를 대지 않거나 이유를 대지 못한다면 철학적이라고 말하기는 어렵습니다.

물론 철학적이지 않다고 해서 반드시 틀렸다는 뜻은 아닙니다. 어차피 절대적인 진리는 없으니까요. 중요한 것은 상대방의 관점을 이해하려 하는가, 또 나의 관점에 대해 근거를 갖추고 있는가 하는 점입니다. 상대방의 관점을 도외시하거나 자신의 주장에 근거가 없으면 상대방을 설득하기도 쉽지 않고, 합의에 이르기도 어렵습니다. '한국에서는 무조건 대학을 나와야 한다'는 주장은 일견 타당해 보이기도 하지만, 왜 그런지에 대한 질문을 계속 하다보면 논리적 근거가 부족할 가능성이 높습니다. 실제 현실에서는 대학을 나오지 않고도 대학 졸업자보다 부유하게 살거나 행복하게 사는 사람도 있거든요.

따라서 철학적인 사람은 "한국에서는 무조건 대학을 나와야 한다"는 식의 단정적인 표현보다는 "한국에서는 가급적 대학을 나오는 편이 유리하다. 왜냐하면…"이라고 하면서 자신의 주장과 함께 근거까지 언급합니다. 그렇게 되면 상대방이 그 주장에 대해 진지하게 고민하고, 그 결과 받아들이기도 쉽습니다. 버트런드 러셀 Bertrand Russell, 1872~1970 이라는 철학자가 이런 말을 했습니다. "경멸은 공감을 표현하는 데 방해가 되며, 숭상은 비판적 태도에 방해가 된다." 철학적 성찰을 하는 사람은 타인을 경멸하지도 않고, 맹목적으로 숭상하지도 않습니다. 왜냐하면 평소 자신의 주장에 대한 논리적 명료성을 갖추려고 노력하기 때문입니다. 결국 철학적 성찰을 하는 사람은 자신의 주장을 일방적으로 강요하지 않습니다. 그 결과 타인과 갈등을 겪는 일도 적고, 이견이 생겨도 쉽게 좁힐 수 있습니다.

간혹 TV에서는 정치인이 출연하여 토론을 벌이기도 하는데, 이를 보면서 '참 철학적이지 않구나' 하는 생각이 들 때가 있습니다. 참석자들이 상대방의 관점은 도외시한 채 근거도 대지 않는 자기 주장만을 내세우는 때가 많기 때문입니다. 그렇기 때문에 대부분 이견을 좁히지도 못하고 합의에 이르지도 못한 채 끝나기 일쑤입니다. 플라톤이 정치를 하려면 철학을 배우거나 철학자가 정치를 해야 한다고 주장한 바 있는데, 모름지기 정치인에게도 철학적 사유 능력이 반드시 필요합니다.

철학자의 평소 생활은 어떤 모습일까요? 〈아테네 학당〉의 소크라테스처럼 주변 사람들을 붙잡고 설교를 하는 것이 철학자의 전형적인 모습일까요? 그렇지 않습니다. 철학자는 타인과 어울리기 보다는 혼자서 사색하는 경우가 더 많습니다. 《사회계약론》 《에밀》 등으로 유명한 프랑스 철학자 장자크 루소가 말년에 자연

속에서 홀로 지내면서 성찰과 깨달음의 기록을 적은 책 제목이 '고독한 산책자의 몽상'인 것에서도 알 수 있듯이, 철학자는 고독과 사색을 즐기는 사람입니다.

비판철학을 통해 근대 서양철학을 종합했다는 평가를 받는 독일 철학자 임마누엘 칸트Immanuel Kant, 1724~1804는 평생 독신으로 살면서 자신의 고향인 쾨니히스베르크를 거의 벗어난 적이 없습니다. 칸트는 평생토록 고향에서 150km 바깥을 나가본 적이 없었다고 합니다. 그는 단 하루를 제외하고는 매일 정해진 시간에 어김없이 산책을 하면서 사색의 시간을 가졌다고 합니다(그는 장 자크 루소의《에밀》을 읽느라 단 한 번 산책시간을 어겼다고 합니다). 시민들은 산책을 하는 칸트를 보고 시계의 시간을 맞췄다는 일화가 있는 것을 보면, 그의 생활이 얼마나 단조로웠는지를 잘 알 수 있습니다. 요컨대, 철학자는 홀로 사색의 시간을 가지면서 학문 연구와 철학적 성찰에 몰두하는 단순한 생활을 반복하는 경우가 많습니다. 이러한 철학자의 일상의 모습을 잘 나타낸 그림이 있는데, 바로 렘브란트 Rembrandt Harmensz, 1606~1669의 〈철학자의 사색Philosopher in Meditation〉입니다.

이 작품은 '빛의 화가'라는 명성에 걸맞게 빛을 오묘하게 활용하여 사색하고 있는 철학자의 모습을 잘 표현하고 있습니다. 나선형의 계산이 인상적인 작은 방에서 노년의 철학자가 무엇인가 골똘히 생각에 잠겨 있는데, 창문을 통해 들어온 빛이 그를 은은히 비춰주면서 아우라를 연출하고 있습니다. 우측 하단에는 철학자의 아내로 보이는 사람이 화롯가에 불을 때고 있는데, 사색 중인 철학자를 배려해서인지 거의 눈에 띄지 않으려고 주의를 하고 있는 듯합니다. 〈철학자의 사색〉에서 빛은 방을 밝히면서 동시에 철학자의 내면을 표현하는 수단입니다. 창문을 통해 들어오는 은은한 빛이 철학자의 정신을 밝히고 내면에 스며드는 느낌을 줍니다.

철학자는 지금 무엇을 생각하고 있는 것일까요? 알 수 없습니다. 하지만 그럼에도 모든 철학자들이 공통적으로 골몰하는 주제가 있습니다. 바로 '무엇이 참된 삶인가?' 하는 질문입니다. 이에 대한 프랑스 철학자 알랭 바디우Alain Badiou는 주장을 들어보기로 하겠습니다. 그는 《참된 삶》이라는 책에서 철학의 주제를 이렇게 적었습니다. "철학, 그것의 주제는 바로 참된 삶이다. 참된 삶이란 무엇인가? 그런 것이 철학자의 독자적인 질문이다. (…) 그것은 노력할 가치가 있는, 살아갈 보람이 있는, 그리고 돈이나 쾌락이나 권력을 훨씬 능가하는 무엇이다." 바디우는 위대한 철학자 소크라테스의 죽음을 인용하면서 철학의 주제가 '참된 삶'이라고 주장했습니다.

잘 알다시피 철학자 소크라테스는 젊은이를 타락시킨 죄로 법정에 세워졌고, 결국 독배까지 마시고 말았습니다. 그를 반대하는 자들은 그가 젊은이를 타락시켰다고 주장했지만, 그것은 매우 정파적인 주장에 불과합니다. 사실 소크라테스는 젊은이들을 타락시키기 위해 꼬드긴 게 아니라 그들에게 철학을 가르쳤을 뿐입니다. 그가 젊은이들에게 가르치고자 했던 철학이란 도대체 무엇일

반 레인 렘브란트, 〈철학자의 사색〉
1631

까요? 알랭 바디우는 그것의 핵심은 '참된 삶'이라고 단언합니다. 말하자면, 철학의 핵심 주제가 바로 참된 삶이라는 뜻입니다.

참된 삶이란 무엇일까요? 소크라테스에게 그것은 타락에 빠지지 않는 것입니다. 삶에서 중요한 것은 결코 돈이나 쾌락이나 권력이 아니라 오히려 그것을 능가하는 무엇이 있는데, 그것을 추구하는 것이 참된 삶이라는 뜻입니다. 소크라테스는 당시 젊은이 중에는 돈과 쾌락, 권력을 삶의 우선순위에 두고서 타락한 삶을 사는 경우가 많았다고 보았습니다. 하여, 그는 철학을 가르쳐야겠다고 마음먹었습니다. 철학을 통해 돈과 쾌락과 권력이 삶에서 가장 중요한 요소가 아니라는 사실을 깨우쳐주고 싶었습니다. 결국 소크라테스는 젊은이들을 타락시키기 위해서가 아니라 돈과 쾌락, 권력을 향해 질주하는 삶에서 젊은이들을 구해주기 위해서 철학을 가르친 것입니다.

애석하게도 이러한 철학자의 노력에도 불구하고 사람들은 여전히 참된 삶을 살고 있는 것 같지는 않습니다. 속세의 사람들은 철학보다는 돈이나 쾌락, 권력을 얻으려고 노력하는 경우가 더 많습니다. 왜 그럴까요? 몸에 좋은 약이 입에 쓰듯이, 아마도 철학이 사람들의 입맛에 잘 맞지 않기 때문이겠지요. 하지만 그럼에도 철학자들은 가르침을 멈추지 않습니다. 그들은 돈만을 추구하는 삶을 살지 말라고, 쾌락을 탐하는 것이 진정한 즐거움이 아니라고, 권력을 얻어도 행복에 이르지 못한다고 교훈을 주고 있습니다.

따라서 우리도 한 번씩은 정해진 대로 돌아가던 일상을 잠시 멈추고 사색의 시간을 가질 필요가 있겠습니다. 지금처럼 사는 것이 참된 삶인지에 대해 성찰하는 시간을 가져보는 것도 좋겠습니다. 가끔씩은 홀로 자기 방에 앉아서 렘브란트의 〈철학자의 사색〉과 같은 장면을 연출해보는 것이 어떨까요? 때로는 철학자 코스프레를 해보는 것도 좋지 않을까 싶습니다.

09

Others

타인

타인의 시선에는
나의 행복이 자리할 공간이 없다

몰랭 드 라 갈레트의 무도회(오귀스트 르누아르, 1876)

꽃밭의 기사(로슈그로스, 1894)

그리스 철학자 아리스토텔레스Aristotles, 384~322 BC 는 《정치학》에서 인간을 다음과 같이 정의했습니다. "인간은 본성적으로 국가 공동체를 구성하는 동물zōion politikon 임이 분명하다." 'zōion politikon'은 흔히 '정치적 동물' 또는 '사회적 동물'이라고 번역됩니다. 인간은 혼자서는 살 수 없고, 국가나 공동체를 구성하여 그 속에서 살아가야 하는 존재라는 뜻입니다. 한마디로 인간은 사회적 동물이라는 말입니다. 굳이 대철학자 아리스토텔레스의 말을 빌리지 않더라도 인간은 혼자서 살아갈 수 없다는 점은 자명합니다. 이른바 '자연인'이라 불리는 사람조차도 세상과 등진 채 살 수는 없습니다. 자연인도 가끔은 속세에 나가 세상 사람과 교류를 해야 합니다.

　　이처럼 인간은 기본적으로 혼자 살아갈 수 없기에 대부분 특정한 공동체에 소속되어 살아갑니다. 그 과정에서 다른 사람들과 함께 어울리며 살아가야 합니다. 공동체의 다른 성원들과 함께 일하고, 사랑하고, 배우고, 즐기며 살아가야 합니다. 그것이 사회적 동물인 인간의 운명인지도 모릅니다. 이러한 사회적 동물로서의 인간의 모습을 잘 나타낸 그림이 있습니다. 프랑스 인상주의 화가인 오귀스트 르누아르Auguste Renoir, 1841~1919의 〈물랭 드 라 갈레트의 무도회Bal du moulin de la Galette〉입니다. 먼저 그림부터 감상하도록 하겠습니다.

작품의 배경이 되는 장소는 프랑스 몽마르트에 있는 야외 무도장인 '물랭 드 라 갈레트'입니다. 이곳은 19세기 말 파리지앵들로부터 많은 사랑을 받았던 무도회장으로, 당시로서는 가장 대중적인 사교장이자 데이트 명소였습니다. 당시 파리의 젊은이들은 일요일 오후가 되면 그곳에 모여서 춤추고 마시고 왁자지껄 수다를 떨었습니다. 화가는 서민적인 무도회장에서 무리를 이룬 젊은 남녀들이 춤과 놀이를 즐기는 모습을 생생하게 표현했습니다. 등장인물의 모습과 동작을 화사한 빛과 화려한 색감으로 밝고 생동감 있게 그렸습니다. 그 때문인지 무도회장에 모인 사람들은 모두 즐거운 주말 오후를 보내고 있으며, 행복한 삶을 사는 것처럼 보입니다. 그런데 이런 의문이 들기도 합니다. 무도회장에 모인 사람들은 정말로 일상이 즐겁고 행복한 삶을 살고 있는 것일까? 곧바로 결론을 내리기보다는 천천히 논의를 이어가보도록 하겠습니다.

앞서도 논의했듯이, 사회적 동물인 인간은 대부분 특정한 공동체에 소속되어 살아갑니다. 그 과정에서 구성원 개개인은 공동체의 규범이나 질서를 따라야 합니다. 19세기 말에 살았던 파리지앵이 몽마르트의 물랭 드 라 갈레트에서 사교를 즐기려면 그곳의 암묵적 질서를 따라야 합니다. 르누아르의 그림으로 추정해보면, 당시 여성들은 무도회장을 가려면 폭이 넓고 긴 치마의 화려한 드레스 차림이어야 합니다. 반바지나 청바지의 캐주얼 복장으로는 입장 불가입니다. 남성들도 마찬가지입니다. 짙은색 양복에 챙이 있는 모자hat를 착용해야 무도회 참석이 가능합니다. 아마도 당시 파리의 남성들 사이에는 연노랑 바탕에 검은 띠 리본이 둘러져 있는 모자가 유행했던 것으로 보입니다. 이처럼 모든 공동체에는 나름의 규범과 질서가 있고, 타인과 어울리기 위해서는 그것을 따라야 합니다. "로마에 가면 로마법을 따라야 한다"는 말은 괜히 나온 것이 아닙니다.

공동체의 구성원으로서 자기가 속한 사회에 적응하는 능력을 '사회성'이라 부릅니다. 말하자면 사회성이란 개인이 집단의 규범이나 질서를 따르는 행위를 말합니다. 만약 공동체에 속한 사람이 사회성이 부족하여 집단의 규범이나 질서를 따르지 않으면 어떻게 될까요? 다른 사람에게 나쁜 인상을 주기 쉽습니다. 그 결과 다른 사람과 어울리기도 힘들고, 원만한 인간관계를 유지하기도 어렵습니다. 심한 경우, 이른 바 '왕따(집단 따돌림)'를 당하거나 공동체에서 쫓겨날 수도 있습니다.

여러 사람이 함께 살아가는 사회에서는 공동체의 질서를 준수하고 다른 사람들과 원만한 관계를 유지할 수 있는 능력인 사회

성을 갖추는 것이 필수적이라 하겠습니다. 그 때문인지 가정에서 부모가 자녀를 키울 때 어떻게 하면 사회성을 잘 기를 것인가를 고민합니다. 그 결과, 어릴 때부터 어린이집이나 유치원 등 공동체에 소속시켜서 자연스럽게 사회성을 익히게 만듭니다. 그래야만 어른이 되어서도 다른 사람과 잘 어울리는 사회인으로 성장할 수 있기 때문입니다. 이러한 사회성과 반대되는 개념이 있습니다. 바로 독자성独自性입니다. 독자성이란 자기만의 특유한 성질을 뜻하는데, 공동체 구성원으로서의 특성을 가지기보다는 자신만의 독자적인 색깔을 내는 것을 말합니다.

사람들은 사회성과 독자성 중에서 어느 것을 더 중요하게 생각할까요? 개인마다 다를 수는 있겠지만, 대체로 사회성을 더 중요하게 생각하는 사람이 많습니다. "모난 돌이 정 맞는다"는 속담도 있듯이, 사람들은 대체로 세상을 살아가는 데 있어서 독자성보다는 사회성을 더 중요하게 생각합니다. 독일 철학자 에리히 프롬Erich Seligmann Fromm, 1900~1980은 《사랑의 기술》이란 책에서 이렇게 썼습니다. "만일 내가 남들과 같고, 나 자신을 유별나게 하는 사상이나 감정을 갖고 있지 않으며, 나의 관습이나 옷이나 생각을 집단의 유형에 일치시킨다면 나는 구제된다. 고독이라는 가공할 경험으로부터 구제되는 것이다." 에리히 프롬이 보기에 사람들은 독자적인 사상이나 감정을 갖기보다는 집단의 공통적인 관습이나 생각에 자신을 일치시키려 합니다. 그래야만 고독이라는 공포스러운 경험에서 구제될 수 있기 때문입니다. 자기만 잘났다며 유별난 생각이나 튀는 행동을 하게 되면 다른 사람들로부터 왕따를 당해서 고독해질 위험이 커집니다. 타인과 어울리며 살아가는 곳에서 혼자만 잘났다며 튀는 행동을 한다면 대부분 안 좋게 보는 것이 현실이기도 합니다.

그래서인지 대체로 사람들은 사회성을 내면화한 채 살아갑니다. 그 결과, 학교나 조직생활, 나아가 여타 단체생활에서도 대부분 튀는 행동을 자제하고 남들과 비슷한 생각과 행동을 하게 됩니다. 이런 태도를 사람들은 '사회성이 좋다'며 긍정적으로 평가해줍니다. 독자성을 견지하는 사람을 부르는 명칭만 봐도 부정적인 뉘앙스가 많습니다. 사람들은 통상 평균적인 정규분포 바깥에 위치하는 사람을 두고 이렇게 부르는 경우가 많습니다. '독불장군' '외톨이' '아웃라이어' '왕따' 대부분 부정적인 느낌 일색입니다. 해서, 공동체에 속해서 사는 사람은 대부분 독자성은 버리고 사회성을 선택한 채 모나지 않게 살아가고 있습니다.

사회 전반에 걸쳐 독자성보다는 사회성이 강조되고, 개별적인 판단보다는 공동체의 보편적인 질서를 따르는 현상은 바람직한 것일까요? 개인이 왕따의 위험을 줄이고 타인과 원만한 관계를 유지하기 위해서 독자성을 최소화한 채 사회성을 우선하여 사는 것은 충분히 이해할 만합니다. 하지만 그것이 전반적인 사회현상으로 고착화되는 것은 결코 바람직한 일은 아닙니다. 사회적으로는 개개인의 독자성이 배척되고 공통의 사회성만이 강조되는 현상을 결코 건강하다고 말하기 어렵습니다. 그런 상태에서는 개인의 개성이나 창의성을 말살하는 결과를 낳기 때문입니다.

이러한 형태는 이른바 '패거리 문화'에서 자주 볼 수 있는 현상인데, 영국 철학자 칼 포퍼 Karl Popper, 1902~1994 는 이러한 사회를 '닫힌 사회'라고 불렀습니다. 포퍼는 《열린 사회와 그 적들》이란 책에서 개인의 자유로운 권리가 공동체에 의해 규제되는 사회를 '닫힌 사회'라고 명명했습니다. 이와 반대되는 '열린 사회'는 개인의 자유와 권리가 확보된 사회로, 개개인이 자신의 이성에 입각해서 스스로 판단하고 책임을 지는 사회입니다. 이때 자유란 다수의 의견에 휩쓸리지 않고 자신의 생각과 판단을 선택할 수 있는 상태를 의미합니다. 닫힌 사회가 공통의 사회성이 강조되는 사회라면, 열린 사회는 개인의 자유로운 독자성이 허용되는 사회라 할 수 있습니다. 포퍼는 "우리가 인간으로 남고자 한다면 오직 하나의 길, 열린 사회로의 길이 있을 뿐이다"라면서 개인의 독자성이 실현되는 상태가 더욱 바람직한 사회라고 주장했습니다. 요컨대, 집단적인 획일성보다는 개개인의 독자성이 허용되는 사회가 더 좋다는 뜻입니다.

집단을 구성하면서도 개개인의 독자성을 허용하는 것, 이것은 민주주의의 기본 원리이기도 합니다. 어떠한 반대도 없이 모두가 한마음 한뜻으로 움직이면 보기에도 좋고 효율적인 경우도 많습니다. 하지만 이런 사회는 전체주의에 불과합니다. 전체주의 사회에서는 개인보다 집단이 우선입니다. 따라서 사회 공통의 규범이 강조되고 개개인의 자유로운 의견은 제한됩니다. 그 결과, 개인의 자유와 권리가 침해되는 경우가 많고, 특히 소수자를 억압하고 배제하는 결과를 낳기도 합니다.

예를 들어보겠습니다. 어떤 회사에서 회의를 하다가 식사시간이 되었습니다. 그런데 회의가 마무리되지도 않았고, 시간도 없고 해서 근처 식당에서 시켜먹기로 했습니다. 이에 각자 먹고 싶은 음식을 주문받았는데 메뉴가 제각각입니다. 짜장 2명, 짬뽕 1명, 김치찌개 2명, 라면에 김밥 2명 등으로 혼란스럽습니다. 그때 상사가 나서서 "뭐가 이렇게 복잡해, 전부 중국집으로 통일시켜"라고 말했습니다. 이런 상황이라면 시간이 걸리더라도 개인별로 좋아하는 메뉴를 각각 주문하는 것이 좋을까요, 아니면 상사의 주장처럼 한곳으로 통일하는 게 좋을까요?

개인의 자유와 권리를 보장한다는 측면에서 보자면, 시간이 조금 더 걸리더라도 개인별 선호 메뉴를 선택하는 편이 보다 인간적입니다. 포퍼라면 그쪽이 '열린 사회'라고 말할 것입니다. 회의 시간이 부족하다는 핑계로 한 가지 음식으로 통일하면 그것을 싫어하는 사람에게는 고통이 될 수도 있습니다. 이처럼 모든 사람에게 공통적인 질서를 강조하면 누군가는 고통을 받을 수도 있습니다.

미국 철학자 주디스 버틀러Judith Butler는 《윤리적 폭력비판》에서 이렇게 주장했습니다. "통일성에 기반한 집단적 에토스는 시대착오적이 될 수밖에 없으며, 보편성을 주장하는 순간 개별자의 권리는 무시하는 폭력으로 변한다." 집단적 관습이나 통일성이 때로는 개개인의 권리를 무시하는 쪽으로 변할 수도 있다는 뜻입니다. 요컨대, 사회성을 중시하느라 모든 사람에게 집단의 규범이나 질서를 획일적으로 강요해서는 곤란합니다.

그렇다면, 사회의 공통적인 규범들은 모두 없애버려야 할까요? 그렇지는 않습니다. 우리가 국가나 사회 등 공동체를 이루고 사는 이상, 어느 정도의 공통적인 규범이나 사회적 질서는 반드시 필요합니다. 하지만 그럼에도 개인의 자유와 권리는 최대한 보장되는 방향으로 나아가야 합니다. 특히 소수자나 사회적 약자에 대한 권리가 무시되지 않는 사회일수록 더욱 바람직한 사회입니다. 그런 사회가 '열린 사회'로 나아가는 것이며, 그런 문화가 정착되어야 구성원들이 진정한 인간으로 남을 수 있기 때문입니다.

　　아울러 개인들도 스스로 독자성을 지키려고 노력해야 합니다. 특히 사회성을 따르느라 자기 고유의 특성인 독자성을 사장시켜서는 곤란합니다. 자기 스스로의 생각이나 판단은 전혀 없이 매번 타인의 생각이나 집단의 기준에만 맞추어 산다면 자신만의 삶을 살 수도 없고, 위대한 성취를 이룰 수도 없기 때문입니다.

　　독자성을 잘 지키려면 어떻게 해야 할까요? 독일 철학자 하이데거가 이런 말을 했습니다. "타인의 지배 아래에 놓여 있는 일상세계로부터 떨어져 나온 유한하고 고독하며 불안으로 가득 찬 세계, 그곳이야말로 우리의 본래적인 세계이며, 그곳에서 비로소 우리는 존재의 의미를 밝힐 수 있다." 타인과 어울리는 세계보다는 홀로 떨어져 고독한 시간을 가져야 자기 존재의 의미를 파악할 수 있다는 뜻입니다. 집단과 떨어져 홀로 있는 시간을 가져야 독자성도 개발할 수 있습니다. 결국 독자성을 지키고 기르기 위해서는 혼자만의 고독한 시간을 가져야 합니다. 허구한 날 물랭 드 라 갈레트에서 죽치고 앉아서 타인과 어울리는 사람은 독자성을 기를 시간조차 갖지 못합니다. 한마디로 '신선놀음에 도끼 자루 썩는 줄 모르는 사람'입니다. 평소 혼자만의 고독한 세계에서 자기만의 개성과 독자성을 기른 사람은 타인과 어울리는 무도회장에서 더욱 빛을 발할 수 있습니다. 그러니 무도장 '죽돌이(죽순이)'가 되어서는 곤란하겠습니다.

타인과 어울리는 세계에 오래 머물러 있으면 독자성을 기를 시간을 놓칠 뿐만 아니라 타인의 시선을 지나치게 의식하게 된다는 부작용도 있습니다. "타인의 시선을 의식하라!" 이것은 사회생활의 기본 원칙이면서, 사회성의 핵심요소입니다. 우리가 특정한 집단에 속해서 그곳 사람들과 어울리기 위해서는 일정 부분 타인의 시선을 의식하지 않을 도리가 없습니다. 우리는 왜 타인의 시선을 의식하는 것일까요? 인간은 기본적으로 타인과 더불어 살아가는 '상호공동존재'이기 때문에 그렇습니다.

하이데거는 인간은 누구나 일상생활에서 타인을 의식한다면서 이렇게 주장했습니다. "인간은 일상적인 상호공동존재로서 타인의 통치에 예속되어 있다." 하이데거는 인간을 다른 사람과 관계하면서 타인의 통치 속에 서로 예속되어 있다는 의미에서 상호공동존재라 불렀습니다. 여기서 상호공동존재란 인간이 타인과 함께 살아가는 존재, 즉 '공동존재'이면서 동시에 각각 서로에게 영향을 주고받는 '상호적 관계'에 있다는 의미입니다. 서로가 서로에게 영향을 주고받는 관계이기 때문에 상대를 의식하지 않을 수 없습니다. 만약 로빈슨 크루소처럼 무인도에 혼자 산다면 남을 의식할 필요조차 없습니다. 결국, 타인의 시선을 의식하는 태도는 사회성을 기르는 과정에서 생겨난 부산물인지도 모릅니다.

미술작품 중에도 타인의 시선을 의식하는 그림이 있습니다. 다음 페이지에 소개된 프랑스 낭만주의 화가인 조르주 앙투안 로슈그로스Georges Antoine Rochegrosse, 1859~1938의 〈꽃밭의 기사Le Chevalier aux Fluers〉입니다. 먼저 그림부터 감상하도록 하겠습니다.

프랑스 파리의 오르세미술관에 소장되어 있는 〈꽃밭의 기사〉는 바그너의 마지막 오페라 〈파르지팔〉에 등장하는 꽃의 요정들을 테마로 한 작품입니다. 형형색색의 꽃들이 만발한 들판에서 마치 꽃을 연상케하는 반라의 여인들이 은빛 갑옷을 입은 청년을 유혹하고 있습니다. 바로 이 청년이 바그너 오페라의 주인공인 '파르지팔'입니다. 마법사 클링조르는 파르지팔을 타락시켜 자기편으로 끌어들이기 위해 요정 쿤드리로 하여금 기사를 유혹하라는 과제를 내립니다. 이에 쿤드리는 아름다운 자태로 화려한 꽃밭에서 꽃의 요정들과 함께 파르지팔을 유혹하고 있습니다. 웬만한 남성이라면 요정들의 유혹에 넘어갈 법도 한데, 파르지팔은 요정들의 유혹을 뿌리치는 데 성공합니다.

작품 속 기사의 표정이 재미있습니다. 바그너의 오페라에는 그가 요정들의 유혹을 물리친 것으로 나오지만, 로슈그로스의 작품 속 파르지팔의 표정이나 행동은 어색합니다. 물론 그가 요정들의 유혹에 적극적인 반응을 보인 것은 아니지만 마법에 걸린 것처럼 허공을 바라보면서 동공이 풀린 듯 무표정한 얼굴을 하고 있어 몽환적인 분위기를 자아내고 있습니다. 그가 요정들을 향해 손사래를 치고는 있지만 적극적인 거절의 표현으로 읽히지는 않습니다. 뭔가 갈등하고 있거나 아쉬움을 곱씹고 있는 것처럼 보입니다. 여하튼 파르지팔이 요정들을 의식하고 있다는 것만은 분명해 보입니다. 어쩌면 그는 지금 '어떻게 하면 요정들에게 좀더 멋있어 보일 수 있을까'를 고민하고 있는지도 모릅니다.

사실 로슈그로스의 〈꽃밭의 기사〉에서 파르지팔이 아름다운 요정들의 유혹에 마음이 흔들리는 것이 잘못이라고 말하기 어렵습니다. 또, 그가 요정들을 의식하고 있다는 점도 나무랄 수가 없습니다. 하이데거의 주장처럼, 인간은 본디 타인의 통치에 예속되어 있는 상호공동존재이기 때문입니다. 상호공동존재이기 때문에 타인을 의식하지 않기란 거의 불가능에 가깝습니다.

사람들은 왜 타인의 시선을 의식하는 것일까요? 하이데거는 《존재와 시간》에서 타인의 시선을 의식하는 사람들의 태도를 이렇게 표현했습니다.

우리는 세상 사람이 즐기듯 즐기고 만족스러워하며, 세상 사람이 보고 비평하듯 문학과 예술에 관해 읽고 보며 비평한다. 세상 사람이 세상을 피하듯 우리도 군중으로부터 몸을 도사리고, 세상 사람이 격분하듯이 우리도 격분한다. 세상 사람은 특정한 사람이 아니며, 총

조르주 앙투안 로슈그로스, 〈꽃밭의 기사〉
1894

계라는 의미에서가 아닌 모든 사람이다. 이 세상 사람이 일상성의
존재양식을 지배한다.

—

스스로를 '이성적 동물'이라 부르는 인간은 자기 스스로 사유
하고 판단하고 행동한다고 생각하지만 그것은 어디까지나 착각에
불과합니다. 솔직하게 말하면, 인간은 자기 눈이 아니라 '남'의 눈
으로 세상을 바라보고, 자기 머리가 아니라 '타인'의 머리로 생각하
고 비판합니다. 자기 가슴이 아니라 '군중'의 가슴을 빌려서 흥분하
고 때로는 격분합니다. 이때 나를 지배하는 '남, 타인, 군중'은 특정
한 대상을 지칭하는 것이 아닙니다. '세상 사람世人'이라 불리는 모
든 사람입니다. 말하자면, 우리는 세상 사람의 눈과 머리와 가슴으
로 바라보고 생각하고 흥분합니다.

이처럼 세상 사람이 우리를 지배하는 존재양식을 하이데거는
'세인의 독재권'이라 불렀습니다. 결국 우리는 스스로 삶의 주체가
아니라 사실은 익명의 타인들(세상 사람)에게 예속되어 있으며, 그들
의 변덕에 휘둘리며 살아갑니다. 마치 동력을 잃고 표류하는 배가
파도와 바람에 이리저리 밀려다니는 형국입니다. 그러면서도 정작
본인은 그러한 사실을 인지조차 하지 못합니다. 그만큼 세인의 독
재권은 강력합니다.

이처럼 세상 사람이 자신을 대신하여 모든 판단과 결단을 대
신 해주는 삶의 방식은 나쁜 것일까요? 단정할 수 없습니다. 좋음

과 나쁨이 공존하기 때문입니다. 우선 장점으로는 세인의 지배 아래에 있으면 독자적으로 행동했을 때 발생할 수 있는 책임으로부터 자유롭다는 것입니다. 세상 사람처럼 살면 최소한 중간은 갈 수 있고, 잘못되더라도 자기 책임이 아닙니다. 어차피 다른 사람들도 대부분 그렇게 행동하기 때문입니다. 잘못에 대한 매도 함께 맞으면 아픔이 덜한 법입니다. 한마디로 평범하면서도 안전한 삶이라 하겠습니다.

그럼에도 그 상태를 마냥 긍정할 수는 없습니다. 우리가 항상 타인의 시선을 의식하면 자기가 원하는 모습으로 살아가기 어렵습니다. 타인의 지배 아래에 놓인 개인은 자신이 원하는 인생을 살지 못하고 남들 보기에 그럴싸한 삶을 살아갈 뿐입니다. 그런 상태는 나로서 존재하는 것이 아니라 세상 사람으로 존재하는 것입니다. 하이데거는 이런 존재 방식을 '비본래적 실존'이라 불렀습니다. 실존하기는 하지만 본래 자기의 모습을 잃어버린 채 살아간다는 뜻입니다.

결국 타인의 시선을 의식하며 사는 것의 가장 큰 위험은 '본래적 실존'이 아닌 '비본래적 실존'으로 살아간다는 것입니다. 나로 사는 것이 아니라 남으로 사는 삶인 셈입니다. 물론 사회성과 독자성, 비본래적 실존과 본래적 실존을 매번 분명하게 구분하며 살 필요는 없습니다. 하지만 항상 타인과 어울리는 삶을 중요하게 생각하고, 타인의 시선이나 평가를 의식하며 사는 삶이 궁극적인 만족이나 행복을 가져다주지 않는다는 점은 분명한 사실입니다.

지금껏 수많은 현자들이 타인과 비교하지 않는 것에 행복의 비밀이 숨겨져 있다고 말한 바 있습니다. 스토아 철학자인 에픽테토스Epictetus, 55~135는 "나를 부유하게 하는 것은 사회에서 내가 차지하는 자리가 아니라 나의 판단에 달렸다"고 말했습니다. 자신의 부유함도 타인과의 비교가 아니라 스스로를 어떻게 판단하는가에 달렸다는 뜻입니다. 철학자 쇼펜하우어Arthur Schopenhauer, 1788~1860도 "다른 사람들의 머리는 진정한 행복이 자리를 잡기에는 너무 초라한 곳이다"라고 주장했습니다. 그들은 공통적으로 타인의 시선으로 자신을 보지 말라고 가르치고 있습니다. 아무래도 다른 사람의 머리에는 나의 행복이 자리잡을 만한 공간이 없기 때문이겠죠. 따라서 행복을 원한다면 타인과 비교하지 말고 스스로에게서 행복을 발견해야 합니다. 르누아르의 〈물랭 드 라 갈레트의 무도회〉처럼 매일 빠짐없이 무도회장을 드나든다면 잠깐씩 즐거움을 맛볼지는 모르겠으나, 진정한 행복을 경험하기는 어렵다는 사실을 명심할 필요가 있습니다.

10

Play

놀이

일상을 놀이로 즐기는 사람이
진정한 승자다

농부의 결혼식(피테르 브뢰헬, 1568)

무동(김홍도, 18세기 후반)

현대인들이 자주 사용하는 말 중에 '워라밸'이란 표현이 있습니다. 워라밸이란 일과 삶의 균형을 뜻하는 영어 표현 'work and life balance'의 줄인 말로 일Work과 생활Life이 조화롭게 균형을 유지하고 있는 상태를 뜻합니다. 원래 이 개념은 일과 가정의 양립이 어려운 기혼 직장여성의 문제에 한정되어 사용되었는데, 최근에는 모든 근로자에 대한 이슈로 확대되었습니다. 요즘 직장인들은 일을 통해 얼마나 많은 보상을 받는가보다는 '워라밸'이 얼마나 잘 지켜지는가를 더 중요하게 생각한다고 합니다. 특히 요즘 젊은 세대는 높은 연봉을 주는 직장보다 적당히 일하고 퇴근 후 자기가 원하는 시간을 가질 수 있는 직장을 선호한다고 합니다. 돈보다는 인생을 즐기는 것이 더 중요하다는 뜻입니다.

이처럼 사회 전반에 걸쳐 워라밸이 강조되고 있는 현상은 바람직한 것일까요? 워라밸 현상은 일견 노동자의 삶의 질을 높이기 위한 활동이라서 긍정적으로 해석될 여지가 있습니다. 하지만 다른 한편으로는 직장생활이 얼마나 재미없고 무의미한 것인지를 보여주는 반증이기도 합니다. 평소 생활이 즐겁고 행복하다면 굳이 워라밸이라는 용어가 만들어지지도 않았을 것입니다. 일상이 행복한 사람은 굳이 새로운 행복 방정식을 찾지 않는 법이거든요.

우리는 최근 들어서 특히 워라밸을 강조하고 있다는 점에 주목할 필요가 있습니다. 이는 현대인의 삶이 그만큼 행복과 멀어졌다는 의미로 해석할 여지가 충분합니다. 우리는 왜 행복한 삶과는 거리가 멀어진 것일까요? 여러 이유가 있겠지만, 가장 큰 요인은 '노동'과 관련이 있습니다. 현대인들의 삶의 중심에는 노동이 자리잡고 있는데, 이 때문에 행복과는 점점 거리가 먼 삶을 살게 되었습니다. 유명한 의사이면서 사상가인 알버트 슈바이처[Albert Schweitzer, 1875~1965] 박사도 산업시대를 거치면서 인간이 노동에 매몰된 삶을 산다면서 이렇게 지적한 바 있습니다. "지나간 몇 세대를 거치면서 여러 분야의 많은 사람들이 인간으로서가 아니라 일벌레로 살아가고 있다." 현대인들이 생산성을 강조하는 산업사회에 적응하느라 더욱더 노동에 매진한 결과, 마치 일벌레처럼 살아가고 있다는 경고입니다.

막스 베버가 노동을 "신성한 신의 소명"이라고 강조한 바 있지만, 역사를 살펴보면 인간은 본래 노동보다는 놀이를 좋아하던 종족입니다. 네덜란드 역사학자 요한 하위징아[Johan Huizinga, 1872~1945]

가 쓴《호모 루덴스》에 따르면, 원시 사회에서는 일상이 노동이 아닌 놀이로 채워졌습니다. 원시생활에서 기본 활동인 사냥도 놀이의 형태를 취했으며, 각종 제례나 의식도 놀이처럼 즐겼습니다. 그의 책 제목인 '호모 루덴스Homo Ludens'는 '놀이하는 인간'이란 뜻으로, 인간은 본래 일상을 놀이로 즐기는 존재라는 의미입니다. 일상을 놀이로 즐기던 호모 루덴스에게는 '워라밸'이 무척이나 생소한 용어일 것입니다. 이미 일상에서 워라밸이 충분히 달성된 삶을 살고 있기 때문입니다.

그래서일까요? 미술사에도 인간이 놀이를 즐기는 모습을 그림으로 그린 작품이 꽤 많습니다. 특히 16세기에 활동했던 네덜란드 화가 피테르 브뢰헬Pieter Bruegel, 1528~1569은 시골 축제의 정겨운 풍경을 다룬 작품을 많이 남겼는데, 대표적인 작품이 〈농부의 결혼식 Peasant Wedding〉입니다.

그림의 배경이 되는 16세기 네덜란드는 스페인의 지배를 받고 있던 터라 대부분의 농민들이 매우 궁핍하게 살던 시절이었습니다. 그러던 차에 어느 집에서 결혼식이 열렸고, 소박하지만 성대한 잔치가 벌어졌습니다. 천성이 낙천적인 이웃들이 이런 기회를 그냥 지나칠 리 있겠습니까? 모두 달려가 왁자지껄하게 술판을 벌였습니다. 이웃집 결혼식을 핑계로 마을 전체가 축제를 벌인 것입니다. 마을 축제에는 남녀노소 불문하고 누구나 참석이 가능하며, 오늘만큼은 누구의 눈치도 보지 않고 마음껏 먹고 마시고 즐길 수 있습니다. 가끔씩 찾아오는 축제와 놀이의 기회가 있기에 평소 가난

과 노동의 시간을 견딜 수 있는지도 모릅니다. 그래서일까요? 화가
도 화면 가득 다양한 인간 군상을 배치하면서도 전체적으로는 밝고
강렬한 색채로 놀이의 흥겨움을 돋보이게 만들었습니다. 〈농부의
결혼식〉은 마을 전체가 즐기는 놀이의 시간입니다.

하위징아는 현대로 오면서 사람들이 놀이의 정신을 잃어버렸
다고 한탄합니다. 놀이의 정신을 잃어버린 현대인들은 놀이 대신
열심히 '노동'만 하며 살고 있다는 것이 하위징아의 진단입니다. 워
라밸이라는 개념이 생겨난 이유도 이와 무관하지 않습니다. 현대
인의 일상에 노동이 광범위하게 자리 잡고 있어서 대부분 행복한
삶을 살지 못하기 때문에 그것에 대한 반작용으로 워라밸이라는 개
념이 대두된 것입니다. 워라밸을 통해 노동시간을 최소한으로 줄
이고 나머지 시간은 여가를 즐기겠다는 소망이 담겨져 있습니다.

워라밸 정신으로 무장한 현대인들은 노동에서 벗어난 시간에
는 마음껏 즐기면서 살고 있는 것일까요? 이 대목이 약간 애매합니
다. 우리는 노동을 하는 일터에서 벗어나면 마냥 즐겁고 행복한 시
간을 보낼 것 같지만, 막상 여유시간이 주어져도 제대로 즐기지 못
하는 경우도 많습니다. 예를 들어보겠습니다. 주말에 놀이공원을
가면 재미있는 장면을 목격하게 되는데요. 놀이공원에는 가족 단
위로 놀러 온 사람들이 많은데 이들을 자세히 관찰해보면, 대개 아
이들의 표정은 신나 보이지만 아빠의 얼굴은 즐겁기는커녕 피곤해
보이는 때가 많습니다.

동일한 활동을 하는데 어떤 사람은 즐거워하지만 어떤 이는

피테르 브뤼헬, 〈농부의 결혼식〉
1568

괴로워하는 상태라 할 수 있는데, 사실 이런 일은 의외로 자주 일어나는 현상입니다. 가령, 이런 경우도 자주 목격할 수 있습니다. 주말에 백화점을 가보면 연인이나 부부가 같이 쇼핑을 하는데, 이때도 여성들은 대체로 즐거워하는 반면, 남성들은 피곤해 죽으려고 하죠. 이 모습도 놀이공원에서 아이와 아빠의 표정이 다른 것과 비슷한 이치입니다.

왜 이런 일이 일어나는 것일까요? 놀이공원의 아빠와 백화점의 남성의 표정이 피곤해 보이는 이유는 실제로는 가기 싫은데 어쩔 수 없이 억지로 끌려갔기 때문입니다. 좀더 정확히 말하면, '놀이로 즐기느냐 노동하고 있느냐'의 차이입니다. 놀이공원에서 아이들은 '놀이'를 즐기고 있기에 즐거운 반면 아빠는 '노동'을 하고 있기 때문에 괴롭습니다. 백화점 쇼핑도 마찬가지입니다. 여성들은 대체로 쇼핑을 '놀이'로 즐기는데, 남성들에게 쇼핑은 '노동'인 경우가 많거든요. 그래서 괴로운 것입니다. 요컨대, 노동을 하는가 놀이를 즐기는가에 따라 당사자의 표정이나 즐거움의 정도가 달라집니다.

우리는 일상에서 놀이로 분류되는 활동을 하면서도 실제로는 노동을 하는 경우가 있습니다. 앞서 소개한 놀이공원 관람이나 백화점 쇼핑도 노동처럼 임하는 사람이 의외로 많습니다. 놀이와 노동은 어떻게 구분되는 것일까요? 참여자의 목적과 수단에 따라 달라집니다. 참여하는 사람의 목적과 수단이 같으면 '놀이'가 되고, 목적과 수단이 다르면 '노동'이 됩니다. 놀이공원에서 아이들은 놀이 기구 타는 게 좋아서 그것을 합니다. 목적과 수단이 같죠. 그러니까 '놀이'로 즐기고 있는 것입니다. 반면, 아빠는 아이들에게 점수를 딸 목적으로 놀이공원에 갑니다. 목적과 수단이 다르죠. 그러니까 '노동'이 되는 것입니다. 백화점 쇼핑도 마찬가지입니다. 쇼핑이 좋아서 쇼핑을 하는 여성은 그 행위를 '놀이'로 즐기고 있지만, 남성은 쇼핑이 목적이 아니라 다른 목적 때문에—가령, 여자친구에게 환심을 사기 위한 목적으로—쇼핑을 합니다. 그렇게 되면 목적과 수단이 다르기 때문에 '노동'이 되는 것입니다.

여기서 눈여겨봐야 할 포인트는 노동과 놀이를 구분하는 것이 '활동'이 아니라 '참여하는 사람'에 달렸다는 점입니다. 직장인들은 간혹 회사에서 단체 회식을 하잖아요. 회식은 노동일까요, 놀이일까요? 직장에서 실시하는 회식도 얼핏 보면 놀이 같지만, 실상은 노동인 경우도 많습니다. 회식문화는 주로 상사의 취향에 따라 좌우되기 쉬운데, 가령 폭탄주를 즐기는 상사가 주최한 회식이라면 첫 잔은 대개 폭탄주를 제조해서 '원샷'하면서 시작합니다. 이때 폭탄주가 좋아서 술을 마시는 상사는 그 행위를 '놀이'로 즐기고 있습니다. 하지만 부하직원 중에는 폭탄주가 싫은 사람도 있습니다. 하지만 안 먹으면 상사한테 밉보이지나 않을까 하는 생각에 억지로 마십니다. 그렇게 되면 회식도 노동으로 변질되고 맙니다. 회식도 노동으로 해야 한다니 참 안타까운 일입니다.

이처럼 놀이와 노동을 구분하는 것은 활동이 아니라 참여하는 사람에 달렸습니다. 놀이와 노동의 구분이 중요한 이유는 그것

175

에 따라 개개인의 행복과 불행이 결정되기 때문입니다. 예컨대, 샐러리맨의 경우에는 일주일 중에서 놀이와 노동의 비율이 어떠한가에 따라 전체적인 삶의 만족도나 행복 불행이 결정됩니다. 대체로 샐러리맨은 일주일의 시간을 이런 식으로 보냅니다. 월요일에서 금요일까지 주중에는 노동을 합니다. 그다음 토요일과 일요일에는 놀이를 즐깁니다. 다시 월요일이 되면 노동을 시작합니다. 특별한 일이 없으면 이와 같은 패턴이 매주 반복됩니다.

일상을 이런 식으로 보내는 사람에게 일주일 중 가장 행복한 때는 언제일까요? 바로 금요일 저녁입니다. 왜일까요? 노동에서 놀이로 바뀌는 시간이기 때문입니다. 가장 불행한 시간은 언제일까요? 일요일 저녁입니다. 곧 놀이의 시간은 끝나고 노동의 시간이 기다리고 있기 때문입니다. 그래도 이런 경우는 그나마 참을 만합니다. 주중과 주말 구분 없이 일주일 내내 쉼 없이 노동만 하는 사람도 있습니다. 매우 불행한 사람이라 하겠습니다. 반면, 흔한 경우는 아니지만 이런 유형의 사람도 있습니다. 그는 주말에 신나게 놀이를 즐깁니다. 그런데 신기하게도, 월화수목금요일에 또 놀이를 즐깁니다. 다시 주말에 놀이를 즐깁니다. 이런 사람은 무척 행복한 사람입니다. 일주일 내내 놀이를 즐기기 때문입니다. 이런 사람에게는 샐러리맨이 자주 걸린다는 이른바 '월요병'이 없습니다. 월요일에 출근을 해서도 계속 놀이를 즐기기 때문입니다. 따라서 행복한 인생을 만들고 싶다면 어떻게 하면 일상을 놀이의 시간으로 채울 수 있을지를 고민해야 합니다.

김홍도, 〈무동〉
18세기 후반

잠시 쉬어가는 의미에서 놀이의 장면을 그린 작품을 하나 더 감상하도록 하겠습니다. 조선시대 풍속화가인 단원檀園 김홍도金弘道,1745~?의 풍속도 화첩에 수록된 〈무동舞童〉이라는 작품입니다.

조선을 대표하는 화가 단원 김홍도는 조선의 르네상스 시대라 할 수 있는 영정조의 문예부흥기에 주로 활동했으며, 정조의 신임 속에 당대 최고의 화가로 자리 잡았습니다. 그는 산수, 인물, 도석, 불화, 화조, 풍속 등 회화의 모든 장르에 뛰어났지만 특히 풍속화를 잘 그린 화가로 알려져 있습니다. 또한 단원은 회화뿐만 아니라 거문고, 당비파, 생황, 퉁소 등을 연주하는 음악가로서도 뛰어난 실력을 가졌고, 서예나 시인으로도 빼어난 재능을 보였습니다. 한마디로 시서화詩書画에 모두 능통한 천재였습니다.

김홍도의 〈무동〉은 18세기 후반에 그린 풍속도를 모아둔 화첩에 수록된 작품입니다. 〈무동〉은 〈씨름〉 〈서당〉 등과 함께 그의 풍속도 화첩의 대표 작품으로 현재 보물 제527호로 지정되어 있습니다. 팔을 내저으며 덩실덩실 춤사위를 선보이는 무동을 좌측 하단에 배치하고, 무동의 주변에 삼현육각三絃六角의 악수들이 원형으로 둘러앉아서 반주를 하고 있습니다. 무동의 힘찬 몸짓과 흥겹게 펄럭이는 옷자락이 보는 이로 하여금 절로 신명이 나게 만듭니다. 그림에는 박진감 넘치는 구성과 예리한 관찰을 통해 따뜻한 인간미를 담고 있습니다. 그림 속 춤을 추는 무동의 얼굴에서도, 연주를 하는 악사들의 표정에서도 활달하고 건강한 한국적 해학과 정감이 묻어납니다.

김홍도의 풍속화에서 신명나게 춤을 추고 있는 무동은 지금 놀이를 즐기고 있는 것일까요? 알 수 없습니다. 놀이를 즐길 수도 있고, 노동을 하고 있을 수도 있습니다. 김홍도가 뛰어난 풍속화가 이긴 하지만, 그림 속 풍경만으로는 알 길이 없습니다. 앞서 소개했듯이, 그가 하는 행위의 목적과 수단이 같으면 놀이로 즐기는 것이겠지만 목적과 수단이 다르면 노동에 불과합니다. 가령, 무동과 악사들이 연주가 좋아서 무료 공연을 하고 있다면 놀이겠지만 양반집 잔치에 참석자들의 흥을 돋울 목적으로 돈을 받고 고용되었다면 노동일 가능성이 높습니다.

노동과 놀이를 구분 짓는 가장 결정적인 요소는 무엇일까요? 이에 대해 하위징아는 이렇게 주장했습니다. "모든 놀이는 자발적 행위다. 명령에 의한 놀이는 더 이상 놀이가 아니다. 기껏해야 놀이를 모방한 것에 지나지 않는다." 노동과 놀이를 구분하는 가장 결정적인 요소는 '자발성'입니다. 어떤 놀이도 자발적으로 하지 않으면 노동이 됩니다. 억지로 참여한 놀이는 거짓 놀이고, 놀이를 흉내 내는 것에 불과합니다. 회식 때 노래방에 가서 상사의 노래에 맞춰 억지로 탬버린을 흔들고 있다면, 그것은 거짓 놀이고 놀이를 흉내 내는 것일 뿐입니다. 그런 측면에서 보자면, 직장인의 노동시간은 매우 길다고 볼 수 있습니다. 퇴근시간 이후에 벌어지는 회식에서도 놀이가 아닌 노동으로서의 시간을 보내기 일쑤이니까요.

우리가 노동을 할 때보다는 놀이를 즐길 때가 더 행복하다는 사실을 모르는 사람은 거의 없을 것입니다. 그럼에도 노동을 거부하고 놀이만을 선택하기도 어렵습니다. 샐러리맨은 본질적으로 노동을 할 수밖에 없는 존재이기 때문입니다. 대부분의 샐러리맨은 월급을 목적으로 일을 하거든요. 일이 좋아서 하는 경우는 극히 드뭅니다. 하지만 그럼에도 그 상태에 머물러서는 곤란합니다. 시간이 지나면서 조금씩이라도 놀이의 시간을 만들어내야 합니다. 그러기 위해서는 자발적으로 행하는 시간을 늘려야 합니다.

직장에 처음 들어가면 일을 노동으로 시작해야 합니다. 처음에는 상사가 시킨 일을 할 수밖에 없거든요. 하지만 시간이 지나면서 조금씩이라도 스스로 선택한 일의 양을 늘려나가야 합니다. 그래야만 일이 놀이가 될 수 있습니다. 공부도 마찬가지입니다. 대체로 학생들은 공부를 노동으로 합니다. 좋은 대학 가려고 공부하고, 좋은 데 취직하려고 공부합니다. 자본주의 사회에서는 어쩔 수 없는 선택으로 보입니다. 그런데 문제는 취직을 하고 난 뒤에도 계속 노동으로만 공부를 한다는 데 있습니다. 그러니 공부가 재미가 없고 공부하기가 싫어집니다. 사회에 나와서는 공부의 패러다임을 바꾸어야 합니다. 노동으로서의 공부에서 벗어나 놀이로서의 공부로 전환해야 합니다. 이제부터는 자신의 지적 욕구에 따른 자발적인 공부를 해야 합니다. 그렇게 한다면 공부도 재미있을 수 있습니다. 놀이로서 공부하기 때문입니다.

혹자는 노동을 신성하다고 말하지만 사실 노동은 그 자체로 결코 고귀하고 거룩한 행위가 아닙니다. 대체로 노동은 생계를 위해서 억지로 하는 경우가 대부분입니다. 그 자체로 목적이 아니라 수단으로 채택된 결과이기 쉽습니다. 그렇기 때문에 노동을 할 때는 좋은 에너지가 발생하지 않습니다. 우리가 노동할 때는 즐거움이나 행복을 느끼기 어렵습니다. 즐거움이나 행복은 주로 놀이에서 느낄 수 있는 감정입니다. 우리가 놀이를 할 때는 즐겁고 행복합니다. 또 놀이를 할 때는 그 활동에 열정과 몰입을 다하게 됩니다. 놀이를 하는 순간에는 창의적인 아이디어도 넘쳐납니다. 어떻게 하면 더 즐겁고, 더 재미있을 수 있을지를 고민하기 때문입니다.

결국 인생의 즐거움과 행복은 놀이에서 촉발됩니다. 노동에서는 즐거움도 행복도 맛보기 어렵습니다. 하위징아는 현대인들이 잃어버린 놀이의 정신을 회복해야 한다고 강조했습니다. 그러기 위해서는 모든 활동을 자발적으로 행해야 합니다. 일도 공부도 취미활동도 자발적으로 즐겨야 합니다.

오늘날 사회적 이슈가 되고 있는 워라밸의 문제도 단지 근무시간을 줄이고 퇴근 후 자유시간을 늘리는 것으로는 부족합니다. 자신에게 주어진 자유시간을 놀이로 채우지 못하고, 그저 휴식이나 피로 회복의 용도로만 보낸다면 이를 두고 진정한 워라밸이라고 말하기 어렵습니다. 앞서 말했듯 '워라밸'이라는 표현은 일과 삶을 대비시킨 개념으로, 이는 자칫 일하는 시간은 삶에 포함되지 않는 것으로 해석될 여지가 있습니다.

한번 생각해보시죠. 직장에서 일을 하는 시간은 자기 삶에 포함되지 않는 것일까요? 절대 그렇지 않습니다. 정확히 말하면 Work와 Life, 일과 삶은 대비되는 개념이 아닙니다. 일은 삶을 구성하는 한 요소입니다. 그것도 매우 중요한 부분입니다. 삶에는 일하는 시간도 들어 있고, 취미나 여가시간도 들어 있고, 공부시간도 포함되어 있습니다. 워라밸을 지나치게 강조하다 보면 일하는 시간은 무의미한 노동 시간이며 퇴근 이후라야 비로소 진정한 삶의 시간으로 오인할 가능성이 있습니다. 이렇게 되면 퇴근 이후 시간을 아무리 알차게 보내도 반쪽 짜리 행복에 머물 수밖에 없습니다. 진정한 워라밸은 Work와 Life 모두에서 놀이의 시간으로 채울 때라야 가능합니다. 그러기 위해서는 일이나 공부, 취미나 여가에서도 모두 자발적인 놀이로서의 시간을 늘려가야 합니다.

2,500여 년 전에 공자孔子, 551~479 BC도 이런 점을 깨달았던지 《논어》에서 이렇게 말했습니다. "아는 자는 좋아하는 자만 못하고, 좋아하는 자는 즐기는 자만 못하다知之者不如好之者, 好之者不如樂之者." 아는 사람보다는 좋아하는 사람이, 그보다는 즐기는 사람이 승자입니다. 따라서 모든 활동에서 놀이를 즐길 줄 알아야 합니다. 그런 사람이 참된 '워라밸러'이며, 진정한 '챔피언'입니다. 각자 자신의 워라밸 수준은 어떠한지를 점검해보면 어떨까 싶습니다.

11

Time

시간

우리는 같은 강물에
두 번 발을 담글 수 없다

루앙 대성당(클로드 모네, 1894)

그랑드 자트 섬의 일요일 오후(조르주 쇠라, 1884~1886)

그리스 철학자 헤라클레이토스 Heraclitus of Ephesus, 535~475 BC 가 이런 유명한 말을 남겼습니다. "우리는 같은 강물에 두 번 발을 담글 수 없다." 비유적 표현처럼 들리는 그의 주장은 매우 과학적인 통찰의 결과이기도 합니다. 가령, 우리가 어떤 곳에서 강물에 발을 넣었다가 뺐다고 칩시다. 잠시 후 동일한 위치에 두 번째로 발을 넣었습니다. 두 번째 담근 강물은 첫 번째와 동일한 강물일까요? 그렇지 않습니다. 첫 번째 넣었던 당시의 강물은 이미 하류로 내려간 뒤입니다. 두 번째 강물은 첫 번째 넣었을 당시에는 상류 어딘가에 있던 것입니다. 이런 이유 때문에 우리는—헤라클레이토스의 주장처럼—결코 같은 강물에 두 번 발을 담글 수 없습니다.

당연한 말이지만, 강물에 대한 헤라클레이토스의 비유는 시간의 흐름과 관련이 깊습니다. 우리가 같은 강물에 두 번 발을 담글 수 없는 이유는 바로 시간의 흐름에 맞추어 강물도 끊임없이 흘러가기 때문입니다. 어디 강물만 그럴까요? 인생도 마찬가지입니다. 우리의 인생도 한곳에 머물러 있지 않고 시간의 흐름에 따라 끊임없이 변하고 있습니다. 그래서 우리는 결코 동일한 자신을 두 번 경험하지 못합니다. 어제의 나와 오늘의 내가 다르고, 내일이면 또다시 달라질 것입니다. 시간의 흐름에 따라서 나도 변하고, 내 주위의 사물도 변하고, 세상도 변합니다. 모든 것이 시간의 흐름에 따라 변하고 맙니다. 헤라클레이토스는 이런 변화를 간파한 끝에 다음과 같은 결론을 내렸습니다. "만물은 유전하며, 같은 상태로 존재하지 않는다."

이러한 변화의 흐름을 잘 보여주는 그림이 있습니다. 프랑스 인상파의 대표 화가인 클로드 모네 Oscar-Claude Monet, 1840~1926가 그린 〈루앙 대성당 Cathedrale Notre-Dame de Rouen〉 연작입니다. 그는 동일한 성당 건물을 시간을 달리하여 연속하여 여러 점의 작품을 그렸습니다. 그는 왜 이 같은 시도를 한 것일까요?

오르세미술관 맨 위층에 올라가면 비슷한 그림이 연속으로 4점 걸려 있는데, 모네의 유명한 연작인 〈루앙 대성당〉입니다. 모네는 생의 후반을 보낸 지베르니의 집에서 가까웠던 도시 루앙의 가장 중심에 위치한 대성당을 그리기 위해 성당 바로 앞에 방을 하나 얻어서 이 연작을 그리기 시작했습니다. 〈루앙 대성당〉 연작은 모네가 '빛의 순간성'을 표현하기 위해 가장 정성을 들인 작품 중 하나입니다.

클로드 모네, 〈루앙 대성당〉 연작
1894

모네가 작품을 통해 그리고자 했던 주제는 무엇일까요? 그는 동일한 대상이 시간의 변화에 따라 어떻게 바뀌는지를 묘사했습니다. 결국 모네가 〈루앙 대성당〉 연작을 통해 그리고자 했던 것은 성당이 아닌 시간입니다. 그는 자신의 노트에 연작의 의미를 이렇게 적기도 했습니다. "모든 것은 바뀐다. 이만한 돌덩이라 할지라도." 같은 강물에 두 번 발을 담글 수 없다고 말한 헤라클레이토스의 회화적 버전이라 하겠습니다.

시간이란 무엇일까요? 우리는 하루도 빠짐없이 시계를 보고 시간 속에서 살아가고 있지만, 막상 '시간이 무엇인가'라는 질문에는 쉽게 답하기 어렵습니다. 하지만 그렇다고 해서 자신의 우매

함을 탓할 일은 아니지 싶습니다. 학식이 뛰어난 현자賢者들도 앞의 질문에 명쾌한 답을 내리지 못하는 경우도 많았으니까요. 초기 기독교의 대표적인 교부教父이자 철학자인 아우구스티누스Aurelius Augustinus, 354~430 조차 시간에 대한 물음에 답하기가 어렵기는 마찬가지였습니다. 그는《고백록》에서 이렇게 고백한 바 있습니다. "시간이란 무엇인가? 아무도 내게 묻는 자가 없을 때에는 아는 것 같다가도, 막상 묻는 자가 있어서 설명하려고 하면 나는 알 수가 없다." 시간은 참으로 오묘한 주제입니다.

그럼에도 시간의 존재를 부정할 수 없습니다. 우리가 아무리 대답하기 어렵다 할지라도 시간이 존재한다는 것만큼은 분명한 사실입니다. 그렇다면 시간은 어떻게 존재할까요? 예로부터 서양에서는 시간을 두 가지로 구분했습니다. 크로노스Chronos와 카이로스Kairos입니다. 크로노스는 무한히 흘러가는 물리적 시간을 의미하며, 카이로스는 주관적으로 느끼는 심리적 시간을 의미합니다. 예컨대, 전역 날짜를 손꼽아 기다리는 말년 병장의 하루와 휴가를 나와 애인과 달콤한 시간을 보내는 군인의 하루는 크로노스적으로는 동일한 24시간입니다. 하지만 카이로스적으로는 완전히 다른 시간입니다.

크로노스(물리적 시간)와 카이로스(심리적 시간) 중에서 어떤 것이 더 정확한 시간일까요? 우리는 어떤 시간을 기준으로 삶을 사는 것이 좋을까요? 만약 지금 일을 하고 있거나 과학 실험을 하고 있다면, 이때는 크로노스적 시간이 중요할 것입니다. 하지만 삶의 의미를 찾고자 한다면 카이로스적 시간을 보낼 줄 알아야 합니다. 크로노스는 끊임없이 흘러가는 물리적이고 자연적인 시간입니다. 만약 하루 종일 또는 1년 내내 크로노스적 시간으로만 살아간다면 우리 삶은 단지 흘러가는 것이 되고 맙니다. 그 결과, 우리의 삶도 의미 없이 사라져버려서 허무해지고 무의미해질 가능성이 높습니다. 이런 사람들은 연말이 되면, '아, 벌써 시간이 이렇게 흘렀구나' 하면서 한탄하기 쉽습니다.

반면에 카이로스적 시간을 보내는 사람은 시간을 단지 흘러가도록 내버려두지 않습니다. 심리적 시간을 많이 보내는 사람은 시간의 흐름을 인지하고 그 상태를 음미하기 때문입니다. 독일 출신 동화작가인 미하엘 엔데Michael Andreas Helmuth Ende, 1929~1995는 그의 소설 《모모》에서 "시간은 삶이며, 삶은 우리 마음속에 있다"면서 시간의 중요성을 강조했습니다. 그는 또, 시간에 대해 이렇게 말합니다. "시간을 재기 위해서 달력과 시계가 있지만, 그것은 그다지 의미가 없다. 한 시간은 한없이 계속되는 영겁과 같을 수도 있고, 한순간의 찰나와 같을 수도 있기 때문이다. 그것은 이 한 시간 동안 우리가 무슨 일을 겪는가에 달려 있다." 엔데에 따르면, 달력이나 시계가 알려주는 시간은 별 의미가 없습니다. 중요한 것은 '그 시간 동안 우리가 무슨 일을 겪는가'입니다. 엔데는 대부분의 사람이 시간을 깨닫지 못하고 의미없이 흘려버리는 모습을 보면서 안타까워했습니다. 그는 우리의 마음이 시간을 깨닫지 못하면, 그렇게 보낸 시간은 당사자에게 의미 없는 시간일 뿐이라고 말합니다. 결국 미하엘 엔데는 심리적 시간의 중요성, 즉 카이로스적 시간을 보내는 것이 중요하다고 말하고 있는 셈입니다.

카이로스적 시간을 보내는 사람은 시간의 경과를 단지 흘러가는 것으로만 생각하지 않습니다. 그런 사람은 시간의 흐름을 인지하고 그 시간을 음미하려고 노력합니다. 그 결과, 카이로스적 시간을 많이 보낸 사람은 충만한 삶을 살 가능성이 높습니다. 시간을 그냥 흘려보내지 않고 마음으로 음미하기 때문입니다. 아우구스티누스도 "시간은 우리의 마음에 있다"면서 이렇게 주장했습니다. "우리의 몸은 어쩔 수 없이 '물리적 시간(크로노스)'를 살 수 밖에 없지만 마음은 '심리적 시간(카이로스, 신학자인 그는 '신적 시간'이라고 표현했습니다)'을 살아야 한다." 요컨대, 삶을 충만하게 만드는 것은 물리적 시간이 아니라 심리적 시간, 즉 크로노스보다는 카이로스적 시간입니다.

만약 우리의 인생이 전부 크로노스적 시간으로만 구성된다면 우리의 삶은 허무해질 가능성이 높습니다. 물론 크로노스적 관념에서도 과거의 시간이 현재를 거쳐 미래로 이어지는 것처럼 보이지만 실상은 그렇지 않습니다. 크로노스라는 물리적 시간은 과거, 현재, 미래가 모두 단절되고 불연속적으로 연결되기 때문입니다. 따라서 과거의 것은 현재 속으로 사라지고, 현재의 것도 미래가 되면 시간의 흐름에 따라 없어지고 맙니다. 또, 미래는 어떻게 될지 알 수 없기 때문에 불안하기만 합니다. 이처럼 크로노스적 시간 속에서의 삶은 전부 흘러가버려서 최종적으로는 허무와 불안감만 남게 됩니다. 결국 크로노스적 시간 속에서는 다가오는 시간이 현재와 과거의 시간들을 모두 지워버림으로써 삶을 절망에 빠뜨리고 허무감만 남깁니다.

물리적 시간이건 심리적 시간이건 간에 모든 시간은 인간의 눈에는 포착되지 않습니다. 하지만 눈에 보이지 않는 시간을 그림에 담아놓은 듯한 화가가 있습니다. 누구냐고요? 바로 우리에게 점묘법으로 잘 알려진 프랑스 인상파 화가 조르주 피에르 쇠라^{Georges Seurat, 1859~1891}입니다. 먼저 그의 대표작인 〈그랑드 자트 섬의 일요일 오후^{A Sunday Afternoon on the island of La Grande Jatte}〉라는 작품을 감상하도록 하겠습니다.

작품에 등장하는 그랑드 자트 섬은 파리 교외에 위치한 센 강 주변의 지역으로, 쇠라가 이 그림을 그릴 당시만 해도 한적한 전원지대였다고 합니다. 당시 파리 시민들은 주말이면 가까운 근교인 그랑드 자트 섬을 찾아와 휴식을 즐겼다고 합니다. 그림 속에는 많은 시민들이 강변의 공원을 찾아왔지만 특별히 하는 일 없이 한가로이 휴식을 즐길 뿐입니다. 화가는 점묘법을 활용하여 사람들의 모습을 꼼꼼하게 표현했지만 어느 누구도 바쁜 사람 없이 매우 정적인 모습입니다. '일요일 오후'라는 제목에서도 잘 드러나듯이, 시간에 쫓기지 않고 느긋함을 즐기고 있습니다. 어쩌면 시간이 정지되어 있다고도 말할 수 있겠네요.

흥미로운 대목은 화가가 이 그림을 그리는 데 소요된 시간입니다. 쇠라는 이 그림을 완성하는 데, 무려 2년이나 걸렸다고 합니다. 멈춰진 시간, 한가로운 풍경을 작품에 담아내는 데 화가도 바쁠 이유가 없었나 봅니다. 화가는 일요일 오후 공원에서 한가로이 휴식을 즐기는 시민들의 모습을 통해 시간을 정지시키고 싶었는지도 모를 일입니다. 아니면 최소한 그가 그림을 그리는 동안에는 시간이 멈췄을 수도 있습니다. 어쩌면 그는 쉼 없이 흘러가는 물리적 시간(크로노스)을 멈추게 함으로써 삶의 허무와 불안감을 극복하려 했는지도 모릅니다.

사실 우리가 살아가는 삶이 얼마나 충만한지는 자신에게 주어진 인생의 시간을 얼마나 밀도 있게 보내는지와 깊은 관련이 있습니다. 신은 모든 인간에게 하루 24시간이라는 시간을 공평하게 주었지만, 그 시간을 활용하는 수준은 사람마다 차이가 있습니다. 자신에게 주어진 시간을 소중하고 가치 있게 사용하는 사람이 있는가 하면, 대부분의 시간을 쓸데없는 일에 허비하는 사람도 있습니다. 하지만 시간을 낭비하는 사람도 스스로를 평가할 때, 게으르게 산다거나 시간을 허투루 사용하고 있다고 생각하지는 않습니다. 스스로는 최선을 다해 시간을 활용하고 있다고 믿습니다. 왜 그럴까요?

이를 이해하기 위해서는 프랑스 철학자 앙리 베르그송Henri-Louis Bergson, 1859~1941의 도움을 받을 필요가 있습니다. 베르그송은 시간에 대해 깊이 사유한 것으로 유명합니다. 사람들이 그를 '시간의 철학자'라고 부를 정도입니다. 그도 시간을 두 종류로 구분했습니다. '공간화된 시간'과 '지속의 시간'입니다. 공간화된 시간은 흔히

조르주 쇠라, 〈그랑드 자트 섬의 일요일 오후〉
1884~1886

시계로 표현되는 시간을 말하고, 지속의 시간은 우리의 의식이 지각하는 시간입니다. 전자는 과학이 물질을 연구하기 위해 인위적으로 쪼개놓은 시간이고, 후자는 생명체의 진화와 관련된 의식의 시간입니다. 베르그송에 따르면, 개개인의 삶에서 중요한 것은 '공간화된 시간'보다는 '지속의 시간'입니다. 지속의 시간이 우리의 의식을 자극하여 개개인의 진화와 발전에 영향을 미치기 때문입니다.

이해를 돕기 위해 예를 들어보겠습니다. 여기 평소 실력과 성적이 비슷한 학생 두 명이 시험을 준비하고 있습니다. 그들은 수업도 같이 듣고, 도서관에서 함께 공부했습니다. 공부가 끝나면 같은 시각에 집으로 돌아갔습니다. 말하자면, 그들이 시험 준비를 위해서 투자한 시간은 같습니다. 그렇다면 시험 결과 역시 비슷하게 나올까요? 그렇지 않습니다. 동일한 시간을 투자했다고 해서 결과까지 같으리라는 보장은 없습니다. 두 사람이 같은 시간을 투자해도 어떤 사람은 성적이 좋고 나머지 사람은 결과가 나쁠 수도 있습니다. 왜 그러한 현상이 벌어지는 것일까요?

사람들은 흔히 이런 상황을 목격하면 두 사람의 머리, 즉 지능지수[10]가 다르기 때문에 그런 결과가 생겼다고 생각하기 쉽습니다. 하지만 베르그송이라면 아마 이렇게 말할 것입니다. "두 학생의 성적 차이는 '지속의 시간'을 다르게 보냈기 때문이다." 그들은 양적으로는 동일한 시간을 투자했지만, 질적인 시간이 달랐던 것입니다. 이를 베르그송의 용어로 말하면, 시험준비를 위해 투자한 물리적 시간(공간화된 시간)은 비슷했지만 질적인 정도인 '지속의 시간'에는 차이가 있었기 때문입니다. 시험 성적에 결정적인 영향을 주는 것은 양이 아니라 질, 그러니까 '공간화된 시간'이 아니라 '지속의 시간'입니다. 이 지속의 시간은 의식과 관련된 시간으로 집중하고 몰입해서 질적인 변화를 만들어내는 시간입니다. 결국 도서관에 얼마나 오랜 시간을 앉아 있었는가가 중요한 것이 아니라 집중하고 몰입한 시간이 얼마인가가 더 중요합니다.

사람마다 지속의 시간이 다르다는 증거는 직장에서도 쉽게 발견됩니다. 가령, 어떤 회사에 수백 명의 신입사원이 동시에 입사를 해도 그중에서 소수의 인원만이 임원으로 승진합니다. 통계적으로 보면, 대기업에 신입사원으로 입사해서 임원으로 승진하는 비율은 대략 1% 내외입니다. 수많은 동기들 중에서 소수의 능력자만이 이른바 '별을 다는 데' 성공합니다. 그들은 타고난 재능과 남다른 노력으로 '바늘구멍(?)'을 통과한 것입니다.

임원으로 승진하지 못한 사람은 재능이 부족하고 열심히 노력하지 않았던 것일까요? 그렇지 않습니다. 사람들은 대체로 열심히 삽니다. 성공하기 위해 노력도 합니다. 하지만 열심히 노력했다고 해서 모두 성공하지는 않습니다. 왜일까요? 지속의 시간이 다르기 때문입니다. 지속의 시간에 대한 투자가 다르기 때문에 질적 변화의 수준도 다른 것입니다. 얼핏 보기에는 운 좋게 임원으로 승진한 것처럼 보이는 사람도 없지는 않겠지만 정말로 운이 좋아서 임원으로 승진하는 경우는 거의 없습니다(대기업 인사시스템이 그렇게 호락호락하지는 않습니다). 대부분 질적 변화를 만들어내는 지속의 시간을 많이 보냈기 때문입니다. 결국 조직에서 성공하기 위해서는 단지 열심히 노력하는 것만으로 부족합니다. 질적인 변화를 가져오는 '지속의 시간'을 늘려야 합니다.

우리가 사는 인생도 마찬가지입니다. 흔히 사람들은 열심히 살기만 하면 오늘보다 내일이 더 나아질 것이라고 믿습니다. 그런데 애석하게도 열심히 살아도 현실은 좀처럼 나아지지 않는 경우가 더 많습니다. 왜 그럴까요? 베르그송 식으로 말하면, 지속의 시간에 투자가 부족했기 때문입니다. 나름 물리적인 시간 투자는 많이 했지만 그것만으로는 질적 변화를 이루어내기 어렵습니다. 질적 변화는 지속의 시간을 통해서만 이루어지기 때문입니다. 그렇기 때문에 오늘과는 다른 내일을 바란다면 집중하고 몰입하는 '지속의 시간'을 늘려야 합니다.

'1만 시간의 법칙'이라는 말을 들어본 적이 있을 것입니다. 이 이론에 따르면, 어느 분야에서건 최고 수준에 이르기 위해서는 최소 1만 시간 이상의 투자가 반드시 필요합니다. 결국 1만 시간이란 자신의 분야에서 최고 수준에 이르기까지 반드시 투입해야 할 필요조건인 셈입니다. 이 대목에서 한번 생각해보시죠. 1만 시간의 법칙이 지시하듯이, 사람은 누구나 1만 시간을 투자하면 최고가 될 수 있을까요? 그렇지 않습니다. 사람들은 흔히 시간이 흐르면 누구나 실력이 향상되고 내공이 쌓여 진화한다고 생각하는데, 이것은 반은 맞고 반은 틀린 생각입니다. 양적인 시간도 중요하지만 질적인 부분도 충족되어야 하기 때문입니다.

물론 내공을 쌓아 최고가 되기 위해서는 누구에게나 어느 정도의 시간 투자는 반드시 필요합니다. 하지만 시간이 흘렀다고 해서 무조건 내공이 쌓이고 진화가 이루어지는 것은 아닙니다. 그 시간의 흐름 속에서 얼마나 질적 변화를 이루고 새로움을 창조했는가에 따라서 진화의 정도가 달라지기 때문입니다. 매일 도서관에서 살다시피 하면서 공부를 해도 성적이 제자리 걸음인 사람이 있는가 하면, 얼마 투자하지 않았음에도 성적이 쑥쑥 오르는 사람도 있습니다. 이는 IQ나 공부 방식의 차이 때문일 수도 있지만, 가장 핵심은 '얼마나 몰입해서 집중하는가'에 달렸습니다. 베르그송 식으로 말하면, '지속의 시간'에 대한 차이입니다. 요컨대 지속의 시간만이 질적 변화를 가져와서 발전과 향상을 만들어줍니다. 결국 현재와는 다른 질적 변화를 이루고 싶다면 단지 시간 투자를 늘리는 것만으로는 부족합니다. 시간 중에서 '지속의 시간'에 더 많은 투자를 해야 합니다. 베르그송도 진화를 이루려는 생명체에게 이런 말을 남겼습니다. "지속의 시간을 발명하지 않으면 아무것도 아니다." 요컨대, 자신이 성장하고 진화하길 원하는 사람이라면 지속의 시간에 투자를 해야 합니다. 지속의 시간을 통해 연속적인 질적 변화를 이루고 새로움을 창조해나가는 과정을 꼭 거쳐야 합니다. 지속의 시간만이 여러분을 새로운 세계로 이끌어준다는 사실을 잊어서는 안 되겠습니다.

12

Loneliness

고독

고독, 피하지 말고 즐겨라!

아를의 방(빈센트 반 고흐, 1888)

내 마음의 문을 닫았네(페르낭 크노프, 1891)

인간은 기본적으로 사회적 동물입니다. 혼자 살기보다는 집단으로 모여서 살아야 편안함을 느끼는 족속입니다. 하지만 최근 들어서는 이러한 본성이 조금씩 변하고 있는 것 같기도 합니다. 요즘에는 혼밥족, 혼술족 등 '나 홀로' 생활하는 패턴이 점점 늘어나고 있기 때문입니다. 이는 분명 사회적 동물인 인간의 본성과는 대치되는 생활 방식이긴 합니다. 혼밥, 혼술을 즐기는 사람은 타인과 어울리기보다는 혼자 생활하는 것이 더 편하다고 생각할 수도 있습니다. 하지만 그런 유형의 사람들이 반드시 겪게 되는 감정 상태가 있습니다. 뭔가 하면, 바로 고독孤独입니다.

고독이란 혼자가 되어 외롭고 쓸쓸한 상태를 말합니다. 고독한 자는 세상과 떨어져 홀로 된 사람입니다. 그의 주변에는 아무도 없습니다. 그는 지금 매우 외롭고 쓸쓸합니다. 그는 언제부터 사람들과 떨어져 홀로 남겨진 것일까요? 처음부터 고독한 상태였을까요? 그렇지는 않을 것입니다. 개인마다 사정은 다를 테지만 지금 고독을 곱씹고 있는 사람도 처음부터 주변에 사람이 전혀 없지는 않았을 것입니다. 도시인들이 겪고 있는 고독의 원인은 분명 무인도에 홀로 남겨진 로빈슨 크루소의 경우와는 다릅니다. 대체로 도시인의 고독은 주위에 사람에 없어서가 아니라 다른 사람들과 마음을 터놓고 어울리지 못하기 때문입니다.

예술가 중에도 고독을 경험한 사람이 많았습니다. 대표적인 인물이 프랑스 후기인상파의 대표주자인 빈센트 반 고흐입니다. 그의 작품을 보고 있으면, 고독이나 외로움이라는 단어가 절로 떠오릅니다. 예컨대, 그가 말년에 기거했던 방의 풍경을 그린 작품에서도 그러한 감정을 진하게 느낄 수 있습니다.

오른쪽 그림은 빈센트 반 고흐의 〈아를의 방^{Bedroom at Arles}〉이라는 작품입니다. 이 작품은 1888년 10월 중순 프랑스 남부의 아를에서 그린 것입니다. 파리에서의 실패로 낙담한 고흐는 1888년 2월 프랑스 남부 프로방스의 아를이라는 지역으로 거처를 옮겼습니다. 그곳에서 그는 예술가들의 공동체를 설립하고자 '노란 집'을 빌렸고, 그 프로젝트를 준비하면서 고갱을 초대했습니다. 이 그림은 고흐가 고갱을 애타게 기다리던 시절에 그렸던 그림입니다. 그가 가장 고독한 시절에 외로움을 견디기 위한 목적으로 그렸다고 볼 수 있습니다.

그래서일까요? 그의 그림에는 왠지 모를 고독의 흔적이 진

빈센트 반 고흐, 〈아를의 방〉
1888

하게 남아 있습니다. 〈아를의 방〉은 그리 넓지 않은 방 안에 침대와 의자 등 단순한 가구가 들어 있으며, 벽에는 그가 그린 그림 몇점이 걸린 게 전부입니다. 그야말로 매우 소박한 실내 풍경입니다. 특이한 사실은 그림 속의 사물들이 대부분 두 개씩 놓여 있다는 점입니다. 양쪽 끝에 위치한 문, 침대 위에 나란히 놓인 두 개의 베개, 의자 두 개, 두 면의 창문, 두 개의 그림과 초상화 등 거의 모든 사물이 짝을 이루고 있습니다. 두 개씩 짝을 이루고 있는 사물과 홀로 되어 고독한 화가의 모습을 대비시켜놓은 듯 보입니다. 고갱을 기다리는 고흐의 외로움이 어렴풋이 느껴지는 대목입니다.

고흐는 아를에 머무는 10개월 동안 약 100여 점의 유화를 그렸는데, 그 그림들이 대부분 그의 대표작이 됩니다. 말하자면, 고흐는 아를에서의 고독한 시간 동안에 예술가로서의 열정을 불태운 셈입니다. 고흐는 〈아를의 방〉을 총 3점 그렸습니다. 다음에 소개된, 비슷한 듯하면서도 조금씩 다른 세 개의 작품을 비교하면서 감상해보시기 바랍니다.

첫 번째 〈아를의 방〉(203p. 맨 위 그림)은 1888년 10월 중순에 그린 것으로 고갱이 아를에 오기 일주일 전 설레는 마음으로 그린 그림입니다. 고갱이 온다는 설렘과 기대 때문인지 나머지 그림에 비해서 색감이 따뜻해 보입니다. 당시만 해도 고흐는 비록 동생 테오에게 경제적으로 의존하는 처지였지만, 그래도 예술적 영감을 떠올리게 하는 남프랑스 아를에서 자기만의 방을 가진 기쁨도 있었던 시기였습니다. 그의 인생에서 나름 행복했던 순간이었지요.

세 종류의 〈아를의 방〉

하지만 그의 평온은 오래 지속되지 않았습니다. 고갱이 아를에 도착했지만 둘의 사이는 좋지 못했습니다. 1888년 12월 고흐는 자신의 귀를 자르는 사건을 저질렀는데, 당시 그의 상황은 최악이었습니다. 이런저런 이유로 고갱에게 화가 나 있었고, 친구들은 아를을 떠났고, 동생 테오는 약혼을 한 상태였습니다. 귀 절단 사건이 터지자 고갱은 곧바로 떠나버립니다. 아를에서 고흐는 홀로 남겨졌고, 고독과 외로움이 엄습했습니다. 이 때문에 고흐는 아를의 병원 신세를 져야 했고, 이후 생 레미 요양원으로 옮겨집니다.

1889년에 그려진 두 번째와 세 번째 〈아를의 방〉(203p. 중간과 아래 그림)은 고갱을 기다리던 기대와 설렘 속에서 그린 첫 번째 그림과는 달리 소용돌이치는 그의 내면을 드러내고 있습니다. 그래서인지 첫 번째보다는 두 번째와 세 번째 그림에서 고독과 외로움의 흔적이 더욱 진하게 배어 있습니다. 아무튼 고흐에게 찾아온 고독은 그에게 절절한 외로움과 씻을 수 없는 고통을 안겨주었지만, 그로 인해 인류는 위대한 회화 작품을 감상할 수 있는 행운을 얻었습니다. 이처럼 예술가의 고독은 위대한 예술적 성취의 밑거름이 되기도 합니다.

사람들은 고독과 외로움을 비슷한 감정으로 생각하는 경향이 있는데, 사실 이 둘은 엄연히 다른 감정입니다. 어떻게 다를까요? 고독은 '홀로 떨어져 있는 것'을 말하는 반면, 외로움은 '마음이 쓸쓸한 상태'를 뜻합니다. 주로 군중과 떨어져 혼자가 되면, 다시 말해 고독한 상태가 되면 외로움을 느끼는 경우가 많습니다. 따라서 고독과 외로움은 연관성이 높은 감정이긴 합니다. 그렇다고 해서 동일한 감정은 아닙니다. 이 둘을 구분하자면, 고독은 세상과 떨어져서 홀로 있는 것이고, 외로움은 홀로 되어 마음이 쓸쓸한 상태입니다. 고독이 세상과의 단절 때문에 생긴다면 외로움은 관계가 단절된 상태입니다. 둘 다 무엇인가와 단절된 상태지만 세상과의 단절이냐 관계의 단절이냐에서 차이가 있습니다.

로빈슨 크루소처럼 무인도에 혼자 있으면 고독한 상태가 됩니다. 하지만 외로움을 느끼지 않을 수도 있습니다. 반대로 군중 속에 있으면 고독하지는 않지만 외로움을 느낄 수는 있습니다. 군중 속에서도 다른 사람과 관계가 단절된 경우에는 외로움을 느끼기도 합니다. 가령, 부부가 같은 집에 살아도 하루 종일 한마디도 하지 않으면 외롭습니다. 또, 집단에서 따돌림을 당하는 사람은 홀로 떨어진 고독한 상태는 아니지만 관계의 단절로 인해 외로움은 느낄 수 있습니다.

고독이나 외로움의 감정은 무조건 나쁜 것일까요? 고독과 외로움은 가급적 피해야 할 감정 상태일까요? 꼭 그렇지만은 않습니다. 사람들은 흔히 고독과 외로움을 동일한 것으로 봐서 둘 다 나쁜 감정으로 생각하는 경향이 있는데, 이것은 잘못된 판단입니다. 우선 외로움은 부정적인 감정이 맞습니다. 하지만 고독은 단지 세상과 떨어져서 홀로 있는 상태잖아요. 따라서 반드시 나쁜 것만은 아닙니다. 사람은 한 번씩 세상과 떨어져서 혼자 있을 필요가 있습니다. 삶에서 때로는 고독의 시간도 필요합니다. 정확히 말하면,

현대인들에게 문제가 되는 것은 고독이 아니라 외로움입니다.

현대인들이 겪고 있는 고독 현상은 무인도에 홀로 남겨진 로빈슨 크루소의 경우와는 다릅니다. 도시에 사는 현대인들은 대체로 고독하지는 않습니다. 항상 주변에 사람이 넘쳐납니다. 하지만 마음은 외로움을 느낄 때가 많습니다. 이는 주위에 사람이 없어서가 아니라 마음을 주고받을 상대가 없기 때문입니다. 다시 말해, 현대인들은 세상과 떨어져서 고독한 것 때문이 아니라 관계의 단절로 인한 외로움 때문에 고통스러운 것입니다. 요컨대 현대인에게 문제가 되는 것은 고독이 아니라 외로움입니다.

사실 고독은 나쁜 것도 아니고, 피해야 할 상태도 아닙니다. 하이데거는 "고독의 세계야말로 우리의 본래적 세계"라고 주장했습니다. 그에 따르면, 타인과 어울리는 일상적인 세계는 '본래적 삶'이 아닙니다. 일상세계로부터 떨어져 나온 고독한 세계가 '진짜 삶'입니다. 이를테면, 직장이나 모임에서 다른 사람들과 웃고 떠들 때가 아니라 집에 와서 조용히 혼자 있을 때가 진짜 자신의 모습이라는 뜻입니다. 하이데거는 인간이 홀로 떨어져 고독을 느낄 때 진정한 자기 자신을 찾을 수 있다고 주장했습니다. 일상적인 세계에서 홀로 떨어져 고독한 시간이 되면 사람들은 자신에 대해서 돌아보고 성찰할 시간을 갖는다는 의미입니다.

사람 중에는 간혹 일기를 쓰는 경우가 있는데, 일기를 쓰기 위해서는 반드시 갖추어야 할 환경이 있습니다. 그것은 바로 혼자 있는 시간과 공간입니다. 사람들은 주변에 사람이 많거나 다른 사람과 수다를 떨면서 일기를 쓰는 경우는 없습니다. 일기는 조용히 혼자 있을 때, 다시 말해 고독한 시간에만 쓸 수 있습니다. 세상과 떨어져서 홀로 되어야 비로소 조용히 자신을 돌아볼 수 있기 때문입니다. 이런 이유 때문에 하이데거는 고독의 시간이 있어야 자기 존재의 의미를 밝힐 수 있다고 본 것입니다.

고독과 관련하여 현대인들이 자주 사용하는 말이 있습니다. '군중 속의 고독'이라는 표현입니다. 현대인들은 대부분 수많은 사람들이 밀집해 있는 도시에 살면서 항상 군중에 둘러싸인 채 살아가고 있습니다. 하지만 그럼에도 외로움은 사라지지 않습니다. 다들 눈코 뜰 새도 없이 바쁘게만 살다 보니 주변 사람들에게 신경 쓸 여유조차 없습니다. 그렇다보니 현대인들은 언제나 외롭습니다. 몸은 군중 속에 있지만 마음은 외롭습니다. 이것이 오늘날 현대인들, 특히 도시인들의 보편적인 정서입니다.

고독을 그린 작품을 한 편 더 감상하겠습니다. 벨기에 출신의 상징주의 화가인 페르낭 크노프Fernand Khnopff, 1858~1921의 〈내 마음의 문을 닫았네 I Lock My Door Upon Myself〉라는 작품입니다. 그림의 중앙에는 손에 턱을 괸 여인이 바깥을 바라보고 있는 모습입니다. 하지만 자세히 보면 어딘가를 특별히 응시하는 것 같지는 않습니다. 무미건조한 표정으로 멍하니 바라만 볼 뿐 특별한 의식이나 의지조차 느껴지지 않습니다. 그녀 뒤쪽에는 밤색과 갈색 톤의 배경이 차분한 느낌을 주지만 한편으로는 무거워 보이기도 합니다. 전체적으로는 그녀에게서 고독과 외로움의 흔적이 엿보입니다.

페르낭 크노프, 〈내 마음의 문을 닫았네〉
1891

그녀의 앞에는 세 송이의 백합꽃이 간격을 두고 배치되어 있는데 꽃은 이미 시든 상태입니다. 백합은 여인의 순결과 깨끗함을 상징하지만 여기서는 인생의 덧없음을 나타내고 있습니다. 그녀의 뒤로는 흰색 머리에 날개가 달린 조각상이 보이는데, 잠의 신 히프노스Hypnos의 두상입니다. 히프노스는 잠의 신으로 죽음의 신인 타나토스Thanatos와 형제지간입니다. 히프노스와 타나토스가 형제라는 사실에서 짐작할 수 있듯이, 잠과 죽음은 그리 멀리 떨어진 개념이 아닙니다. 일상에서 지친 몸이 도피처로 찾는 것이 잠이듯이, 막다른 생의 끝에는 죽음이 기다리고 있거든요. 그림 속 여인에게는 일상의 활력보다는 잠이, 생의 환희보다는 죽음이 조금 더 가까이 있는 듯 보입니다.

'내 마음의 문을 닫았네'라는 직설적인 제목이 의미심장합니다. 그녀는 왜 스스로 마음의 문을 닫아버린 것일까요? 인간은 마음을 뒤흔드는 것을 만났을 때는 어딘가 의지하거나 도피할 곳을 찾기 마련입니다. 그런데 바깥 어디에도 피할 곳이 없을 때는 자신의 내면으로 도망치게 됩니다. 최후의 도피처가 자신의 내면인 셈이죠. 이렇게 자기 안으로 숨어든 사람이 그다음으로 취해야 하는 행동은 빗장을 잠그는 일입니다. 마음의 문을 꽁꽁 걸어 잠그고 어느 누구에게도 열어주지 않겠다는 다짐을 하게 됩니다. 그런 사람에게는 그다음부터는 고독과 외로움이 친구가 됩니다. 가끔씩은 잠과 죽음의 그림자도 그녀의 내면을 기웃거리게 됩니다. 그런 의미에서 보자면, 크노프의 그림은 고독의 속성을 잘 표현한 작품이라 하겠습니다.

대체로 사람들은 고독한 상태를 견디지 못합니다. 양육강식의 법칙이 지배하는 세계에서 홀로 된다는 것은 생존을 장담할 수 없는 처지가 되었음을 의미합니다. 따라서 고독은 존재 불안을 불러일으킵니다. 그 결과, 고독한 사람들은 새로운 피난처를 찾아 나섭니다. 다행스럽게도 오늘날에는 고독과 외로움을 견디지 못하는 사람들을 위한 솔루션이 많아졌습니다. 대표적인 것들이 페이스북나 인스타그램 등으로 대변되는 소셜네트워크서비스SNS 입니다. 이제 고독한 현대인에게는 든든한 뒷배가 생겼습니다. 아낌없이 관심과 응원을 보내주는 SNS 친구들이 생겼기 때문입니다. 이제 군중 속의 고독을 경험한 현대인들은 외로움의 공포에서 벗어나기 위해서 온라인 네트워크상에 모여듭니다. 그곳에서는 진정으로 마음을 터놓고 어울릴 수 있는 사람들을 만날 수 있을까요? 모를 일입니다.

사정이 어찌되었던 간에 현대인들 사이에는 오프라인 관계보다는 온라인 관계의 빈도가 늘어났습니다. 얼핏 보기에는 기존의 오프라인 관계에 새로운 온라인 관계가 더해져서 네트워크의 외형이 넓어진 듯 보입니다. 이제 현대인들은 과거에 비해 덜 외로워졌을까요? 결론부터 말하면, 전혀 아닙니다. 현대인들은 네트워크 수단이 많아졌음에도 불구하고 예전 사람들보다 더욱 외롭고 고독한 상태가 되었습니다. 그래서 더 많은 시간을 온라인 관계에 매달리게 되었습니다. 문제는 온라인 관계 그 자체가 아니라 사람들이 외로움에서 벗어나기 위해 온라인 관계에 매달리면서 오프라인 관계는 점점 도외시하고 고독을 즐길 시간마저 잃어버렸다는 데 있습니다.

폴란드 출신의 사회학자인 지그문트 바우만Zygmunt Bauman, 1925~2017도 고독이 반드시 필요하다고 강조했는데요. 나아가 그는 현대인들이 고독의 시간을 잃어버린 것이 문제라고 주장했습니다. 그가 쓴 책이《고독을 잃어버린 시간》입니다. 그는 책에서 이렇게 주장합니다. "결국 외로움으로부터 멀리 도망쳐 나가는 바로 그 길 위에서 정작 당신은 스스로 고독을 누릴 수 있는 기회를 놓쳐버린다. 놓쳐버린 그 고독은 바로 사람들로 하여금 생각을 집중해서 신중하게 하고, 반성하게 하며, 더 나아가 인간끼리의 의사소통에 의미와 기반을 마련해줄 수 있는 숭고한 조건이기도 하다." 바우만에 따르면, 고독은 단순히 외로움의 시간이 아닙니다. 고독은 사람들로 하여금 "생각을 집중해서" 타인과의 소통에서 의미와 기반을 만들어주는 숭고한 시간입니다. 고독의 시간을 가져야 타인과의 관계에서 질적 수준을 높일 수 있다는 뜻입니다. 혼자서 생각하고 성찰할 시간을 가져야 다른 사람과 깊이 있는 대화도 가능해집니다.

바우만은 요즘 증가하고 있는 SNS에 의한 소통 방식에 대해 부정적입니다. 그는 종달새가 지저귀다는 뜻의 "트위터twitter"에 빗대어 이렇게 주장했습니다. "어깨에 걸친 '가벼운 외투'를 벗어버리듯, '새들의 지저귐' 속에 자신을 방임하는 동안 우리는 고독을 누릴 수 있는 기회를 놓쳐버린다." 그가 SNS 상의 소통을 부정적으로 보는 이유는 그곳에서는 너무 가벼운 말만 주고받음으로써 진심을 주고받는 질적 관계가 나빠졌다고 보기 때문입니다. 결국 SNS를 사용하면서부터 소통의 횟수나 정보의 양은 증가했지만 질적 수준은 되려 낮아졌다고 본 것입니다. 그 결과, SNS에 집중하면 할수록 관계의 질은 높아지지 않고 고독의 기회만 놓친다는 것입니다.

　아마도 바우만의 주장에 수긍하지 못하는 사람도 있을 것입니다. 하지만 현대인 중에는 SNS에 수많은 팔로워나 친구들이 있음에도 불구하고 여전히 외로움을 느끼는 사람이 많은 걸 보면 바우만의 주장이 전혀 일리가 없는 것만은 아닌 것 같습니다. 솔직하게 말하면, 요즘 페이스북이나 인스타그램 등 사람들이 많이 사용하는 SNS의 대화를 보면 진심을 주고받는다는 느낌이 덜 들 때가 많습니다. SNS의 세계에서는 사람들이 대부분 멋지고 행복하게 삽니다. 그곳에서 사람들은 항상 여행을 다니고, 언제나 맛있는 음식을 먹고, 대부분 멋진 옷만 걸치고 나옵니다. 거기에서는 잠이 덜 깬 부스스한 얼굴을 하거나 무릎 부분이 튀어나온 '츄리닝'을 입고 나오는 모습은 거의 등장하지 않습니다. 이처럼 SNS 공간은 진실된 세계가 아닙니다. 그곳에서는 실제 모습이 아니라 연출된 모습만 보여주는 경우가 많습니다. 그 결과, 진심을 주고받는 소통이 어렵습니다.

　바우만이 온라인상의 소통에 부정적인 또 다른 이유가 있습니다. SNS를 통해 스스로 개인의 프라이버시를 지워버리기 때문입니다. 현대인들은 별다른 고민 없이 SNS에 자신이 어디에서 무얼 하고 있는지를 익명의 대중에게 실시간으로 생중계하기도 합니다. 마치 짐 캐리가 출연했던 영화 〈트루먼쇼〉를 스스로 주인공이 되어 찍고 있는 셈입니다. 그렇게 되면, 스스로가 자신의 사적 비밀공간을 없애버리는 꼴이 됩니다. 그 결과, 더더욱 자신을 성찰하고 음미하고 반성할 시간을 갖지 못하게 되는 겁니다. 요컨대 현대인들은 SNS 때문에 타인의 시선을 더욱 많이 의식하게 되고, 자신에게 솔직하지 못하게 되는 것입니다. 한마디로 고독을 잃어버린 삶을 살고 있습니다.

이제 어떻게 해야 할까요? 아예 SNS를 하지 말아야 할까요? 아마도 이제 SNS가 없는 세계를 상상하기란 어렵습니다. 이미 SNS가 우리 생활 깊숙이 들어와 자리를 차지하고 있기 때문입니다. 하지만 지나친 SNS 사용으로 인해 고독의 시간마저 잃어버리지는 말았으면 합니다. 바우만의 지적처럼, 현대인들은 고독의 시간을 잠시도 즐기지 못하고 SNS를 통해 가벼운 외투를 걸치듯 지저귀는 사이에 자신의 사적인 시간과 공간을 지워버리고 자신만의 삶을 살지 못하고 있는지도 모릅니다. 예전에 회자되었던 "휴대전화, 잠시 꺼두셔도 좋습니다"는 광고 멘트처럼, SNS도 잠시 꺼두고 고독을 즐기는 여유가 필요하지 않나 싶습니다.

우리나라 철학자 박이문1930~2017 선생이 이런 말을 했습니다. "혼자만의 시간을 견뎌야 한다. 혼자만의 시간과 공간을 견딜 수 없는 이들로부터 위대한 창조적 업적을 기대할 수 없다." 사실 역사상 위대한 업적을 남긴 사람은 대부분 혼자만의 시간, 고독의 시간을 만들어서 즐긴 사람들입니다. 혼자 있는 시간을 힘겨워하거나 스스로 고독의 시간을 없애버린 사람은 결코 새로운 것을 창조하거나 위대한 성취를 이룰 수 없습니다. 창조적 업적이나 탁월한 성취로 역사에 이름을 올린 사람들은 대부분 '혼자 놀기의 달인'이었습니다.

대체로 위대한 성취는 고독이 베풀어준 선물입니다. 평소 고독의 시간을 갖지 못하면 위대한 성취도 이룰 수 없습니다. 고독의 시간이야말로 타인의 눈치를 보지 않고 오로지 자기 자신에게만 집중함으로써 존재의 의미를 밝힐 수 있기 때문입니다. 결국 고독은 결코 나쁜 상태가 아니며 피해야 할 상황도 아닙니다. 고독이야말로 자신의 존재를 밝히고, 새로운 창조나 위대한 성취를 이룰 수 있는 밑거름이 되는 시간입니다. 이렇게 요약할 수 있겠습니다. "고독, 피하지 말고 즐겨라!"

13

Freedom

자유

자유는 기적의 선물처럼
하늘에서 떨어지지 않는다

마을 위를 날아서(마르크 샤갈, 1914~1918)

푸른 하늘(바실리 칸딘스키, 1940)

간혹 아이들 중에는 어깨에 망토를 두르고 옥상에서 뛰어내리는 경우가 있습니다. 마치 자기가 슈퍼맨인양 착각하기 때문입니다. 어른들이 보기에 참으로 어처구니없는 행동이지만, 아이들의 순진한 생각으로는 충분히 그럴 수도 있겠다 싶습니다. 왜냐하면 새처럼 하늘을 자유롭게 날고 싶다는 생각은 인간의 원초적인 본능이기 때문입니다. 전국시대 사상가인 장자도 그런 생각을 품었을 것으로 추측됩니다. 동양고전《장자》〈소요유逍遙遊〉편에는 '대붕의 비상'에 관한 이야기가 나오는데 내용은 이렇습니다.

—

북쪽 깊은 바다에 물고기 한 마리가 살았는데, 그 이름을 곤鯤이라 하였습니다. 그 크기가 몇 천 리나 되는지 알 수가 없었습니다. 이 물고기가 변하여 새가 되었는데, 이름이 붕鵬이라 하였습니다. 그 등 길이가 몇 천 리인지 알 수가 없습니다. 이 붕새가 한번 기운을 모아 힘차게 날아오르면 날개가 하늘을 뒤덮은 구름 같습니다. 이 새는 바다 기운이 움직여 파도가 크게 출렁이면 남쪽의 검푸른 바다로 날아갑니다. 이 바다가 바로 '하늘의 연못天池'입니다.

—

이야기를 들어본 소감이 어떠신가요? 아마 황당무계하다고 생각하는 사람도 많을 것입니다. 무슨 만화영화의 한 장면 같기도 합니다. 장자의 이야기를 요약하면 대략 이렇습니다. 북쪽 바다에 살던 작은 물고기 곤이 어느 날 갑자기 큰 붕새로 변하더니 파도가 요동치는 날 힘차게 날아올라 머나먼 남쪽 바다로 날아갔다는 내용입니다. 도무지 믿어지지 않는 이야기지만, 오래전 장자도 자유롭게 하늘을 날고 싶은 소망을 가진 것만은 분명해 보입니다.

"나 하늘로 돌아가리라"고 외쳤던 시인 천상병1930~1993도 〈새소리〉라는 시에서 이렇게 노래했습니다.

—

새는 언제나 명랑하고 즐겁다 / 하늘 밑이 새의 나라고 /
어디서나 거리낌없다 / 자유롭고 기쁜 것이다
(…)
하늘 아래가 자유롭고 / 마음껏 날아다닐 수 있는 새는 /

아랫도리 인간을 불쌍히 보고 / 아리랑 아리랑 하고 부를지 모른다.
—

하늘을 훨훨 날아다니는 새가 인간보다 더 자유롭고 행복하다는 시인의 고백입니다. 이를 보면, 하늘을 자유롭게 날고 싶다는 생각은 과거부터 지금까지 계속 이어져 내려온, 인간의 오랜 숙원임을 알 수 있습니다.

위험을 무릅쓴 라이트 형제의 실험으로 인해 지금은 인간도 하늘을 날게 되었습니다. 고도로 발전한 비행기술 덕분에 우주에까지 비행선을 보낼 정도가 되었습니다. 그럼에도 여전히 인간은 새처럼 '자유롭게' 날지는 못합니다. 하여, 새처럼 하늘을 날고 싶다는 인류의 소원은 여전히 진행형입니다. 그래서일까요? 미술계에도 하늘을 날고 싶다는 소원을 자주 표현한 화가가 있습니다. 대표적인 인물이 러시아 출신의 프랑스 화가인 마르크 샤갈Marc Chagall, 1887~1985입니다.

초현실주의 화가인 마르크 샤갈은 20세기 화가 중에서 가장 낭만적이고 자유로운 그림을 그린 것으로 유명합니다. 그의 그림 〈마을 위를 날아서Over the Town〉에서는 서로를 다정히 보듬은 한 쌍의 남녀가 마을 위를 자유롭게 날아다니고 있습니다. 슈퍼맨 영화의 한 장면 같기도 하고, 가수 이문세의 〈깊은 밤을 날아서〉라는 노래 제목이 떠오르기도 하네요. 〈마을 위를 날아서〉의 배경은 화가의 고향 마을인 비테브스크입니다. 그림 속 남녀 주인공은 샤갈

마르크 샤갈, 〈마을 위를 날아서〉
1914~1918

과 그의 부인 벨라입니다.

러시아 리오즈나(현 벨라루스) 태생인 샤갈은 러시아 제국의 수도인 상트페테르부르크에서 미술을 공부했습니다. 그곳에서 그는 고향 근처의 비테브스크를 갔다가 벨라 로젠벨트를 만나 사랑에 빠졌습니다. 1910년이 되자 샤갈은 최고의 화가가 되기 위해 당시 미술의 중심이었던 프랑스 파리로 유학을 떠났습니다. 타국에서 혼자 지내던 샤갈은 고향에 있는 여자친구 벨라를 무척이나 그리워했습니다. 1914년 전시회를 마친 그는 벨라와의 결혼을 위해 비테브스크에 머물게 되었습니다. 그러나 얼마 후 1차세계대전이 발발하면서 러시아 국경이 봉쇄되고 맙니다. 어쩔 수 없이 비테브스크에 머물러야 했던 샤갈은 이듬해인 1915년에 벨라와 결혼을 했고, 그해 첫딸까지 가졌습니다.

〈마을 위를 날아서〉는 샤갈이 부인 벨라와 고향인 비테브스크에 머물면서 달콤한 시간을 보내던 시절의 그림입니다. 비록 국경이 봉쇄되어 파리로 돌아갈 수는 없었지만, 화가는 벨라와 함께 마치 하늘을 둥둥 날아다니듯 자유를 만끽했습니다. 갑작스러운 전쟁이 그의 앞길을 가로막았지만 자유를 갈망하는 그의 예술혼까지는 어쩌지 못했습니다. 화가에게 상상의 나래를 펼칠 자유란 그 무엇으로도 막을 수 없는 강력한 특권인 셈입니다.

사실 자유란 예술가에게만 소중한 것이 아닙니다. 모든 인간, 아니 모든 생명체에게 필요한 것입니다. 동물원에 가면 사자나 호랑이 등 맹수들을 볼 수 있는데, 그들의 일상을 보고 있으면 '사람보다 팔자가 좋다'는 생각이 들기도 합니다. 특별히 하는 일 없이 놀기만 해도 때가 되면 꼬박꼬박 식사도 챙겨주죠. 편안한 잠자리도 제공해주죠. 정기적으로 건강검진까지 해줍니다. 세상에 이런 상팔자도 없지 싶습니다.

　　달리 생각해보면, 측은하다는 생각이 들기도 합니다. 명색이 천하를 호령하던 맹수인데 좁은 울타리에 갇혀서 자유를 빼앗겼다는 생각 때문입니다. 인간이 제공해준 편안한 공간이 그들에게는 감옥처럼 느껴질 수도 있습니다. 아무리 좋은 집에서 아무리 맛있는 음식을 먹어도 당사자에게 자유가 없다면 그 신세가 처량할 수밖에 없습니다. 모든 생명체에게 자유란 다른 무엇과도 바꿀 수 없을 만큼 소중한 것이기 때문입니다. 동물만 그런 게 아닙니다. 우리 인간도 마찬가지입니다. 우리도 누군가에 의해 자유를 억압당한다면 철창 속에 갇힌 맹수와 별반 다를 게 없습니다. 요컨대 자유란 생명체라면 누구나 가지고 싶어 하는 본능이며, 행복한 삶을 위한 전제 조건이기도 합니다.

　　자유의 본성을 가진 사람들은 대부분 자유로운 삶을 살고 있을까요? 사람들 중에는 스스로 자유롭다고 느끼는 이가 많을까요, 자유가 없다고 생각하는 사람이 많을까요? 평균적으로 보자면, 현대인 중에는 자신에게 자유가 없다고 느끼는 사람이 더 많을 것입니다. 대체로 어른들은 먹고사는 문제나 가족의 생계 때문에 자유롭지 못합니다. 그럼, 아이들은 자유로울까요? 전혀 그렇지 않습니다. 요즘 대한민국의 학생들을 보면 도무지 자유라고는 찾아보기 어렵습니다. 일단 학교에 가면 공부하느라 자유롭게 놀 시간이 없습니다. 학교를 마치면 자유가 주어지느냐? 전혀 그렇지 않습니다. 학교를 마치면 학원을 가야 합니다. 학원을 마치고 집에 와도 자유가 주어지지 않기는 마찬가지입니다. 이제 숙제도 해야 하고, 밀린 공부도 해야 합니다. 거의 자유가 없다고 봐도 크게 틀리지 않습니다. 요즘 애들은 '놀 자유'는 없고 '공부할 자유'밖에 없다고 해도 과언이 아닙니다. 그런 의미로 보자면, 학교 선생님도 학원 선생님도 심지어 부모도 모두 아이들의 자유를 빼앗아가는 존재입니다. 감옥의 간수와 같은 역할을 하고 있는지도 모릅니다.

　　문제는 학생 때만 그런 게 아니라는 데 있습니다. 학교를 마치고 어른이 되어도 자유가 없기는 매한가지입니다. 어른이 되어 직장생활을 시작하면 마냥 자유가 주어지는 것 같지만, 실상은 전혀 그렇지 않습니다. 이제부터는 직장 상사나 고객이 자유를 억압합니다. 안타깝게도 오늘날에는 아이 어른 할 것 없이 자유가 쉽게 주어지지 않습니다. 현대인들은 자유를 간절히 원하지만, 정작 일상 어디에도 자유가 존재하지 않는 게 현실입니다. 우리에게 자유란 '현실에서는 어디에도 존재하지 않는다'는 의미의 '유토피아'인지도 모르겠습니다.

　　그래서일까요? 예술가들은 현실에서는 어디에도 없는 '자유'를 표현하기를 좋아합니다. 자유에 대한 미술 작품을 하나 더 감상하도록 하겠습니다. 추상미술의 아버지라 불리는 바실리 칸딘스키 Wassily Kandinsky, 1866~1944 의 〈푸른 하늘 Sky Blue〉이라는 그림입니다.

바실리 칸딘스키, 〈푸른 하늘〉
1940

이 그림은 20세기 초반, 추상미술의 탄생에 선구적인 역할을 한 칸딘스키가 말년에 그린 작품입니다. 푸른색 배경 위에 알록달록한 형상들이 자유롭게 떠 있습니다. 배경이 하늘인지 바다인지 모호하지만, 화가는 친절하게도 작품 제목을 통해 하늘임을 알려주고 있습니다. 그림 속 다양한 형상들은 현실세계에서는 볼 수 없는 추상적인 모양을 하고 있습니다. 새나 물고기, 잠자리 모양 같기도 합니다. 거북이나 고슴도치, 심지어 연체동물이 연상되기도 하고, 연이나 목마처럼 보이는 것도 있습니다. 몽환적인 느낌을 주는 크고 작은 형형색색의 형상들이 푸른 하늘에서 자유롭게 날아다니고 있습니다. 화가는 왜 이처럼 알 듯 모를 듯한 그림을 그린 것일까요?

독일에서 활동하던 당시 칸딘스키는 바우하우스 교수로 재직 중이었습니다. 2차세계대전이 발발하자 나치에 의해 바우하우스는 폐교가 되었고, 그를 포함하여 파울 클레 등 바우하우스 교수진과 모던아트 거장들의 작품은 퇴폐 미술로 낙인이 찍혔습니다. 더 이상 독일에서는 예술활동을 하기가 어려워진 것입니다. 어쩔 수 없이 칸딘스키는 아내와 함께 독일을 떠나 프랑스로 건너갔습니다. 그는 파리 근교에 은둔하면서 생을 마칠 때까지 작품활동에만 매진하였습니다. 〈푸른 하늘〉은 파리 근교에 머물 당시에 그린 것입니다. 나치의 폭압으로 인해 현실은 암울했지만, 작품에서는 평화로움과 자유가 충만하길 원했습니다. 비록 현실 세계는 전쟁과 억압의 굴레에서 신음하고 있었지만 그의 작품 세계에는 다양한 형상들이 서로 조화를 이루며 자유롭게 하늘을 날아다니고 있습니다. 칸딘스키는 현실 어디에도 없는 자유를 작품 속에 담았습니다.

앞서 우리는 자유가 인간이라면 누구나 원하는 본성이라는 점을 논한 바 있습니다. 그런데 이런 의문이 들기도 합니다. 사람들은 누구나 자유를 원하는 것일까? 가령, 평소 직장에서 자유를 억압받고 있다고 생각한 샐러리맨이 있다고 칩시다. 그는 항상 양복 안주머니에 사표를 넣은 채 직장생활을 하고 있습니다. 그는 매번 '한 번만 더 수틀리면 과감히 사표를 내던지고 자유를 찾으리라'는 마음을 품고 있습니다. 그는 과연 과감히 사표를 던지고 자유를 선택할 수 있을까요? 생각처럼 쉽지 않습니다. 생각과 실천은 따로 노는 경우가 많습니다. 특히 자유의 선택이 그렇습니다.

얼핏 생각하기에 인간은 누구나 자유를 선호하는 것 같지만, 실상은 자유를 원치 않는 경우도 많습니다. 도스토예프스키 Fydor Mikhailovich Dostoevsky, 1821~1881 의 《카라마조프가의 형제들》에서도 이런 말이 나옵니다. "인간이라는 불쌍한 동물은 타고난 자유라는 선물을 가능한 한 빨리 양도해줄 수 있는 상대방을 찾아내고자 하는 강한 염원밖에 가지고 있지 않다." 에리히 프롬도 《자유로부터의 도피》라는 책에서 인간은 스스로 자유를 포기하는 경우가 많다고 보았습니다. 프롬에 따르면, 인간은 '무엇무엇으로의 자유'라는 적극적인 자유는 선택하지 않고, '무엇무엇으로부터의 회피'라는 소극적인 자유만을 선택한다는 것입니다. 가령, 직장을 다니면서 자유가 없다고 느끼는 상태에서도 그곳에서 벗어나 완전히 자유로운 상태를 선택하지는 않고, 단지 일주일간의 휴가만을 기다리는 소극적이고 제한적인 자유만을 원한다는 것입니다.

사람은 왜 완전한 자유가 아니라 제한적인 자유만을 원할까요? 사람들이 완전한 자유를 선택하지 못하는 이유는 그것을 얻음으로써 지불해야 할 대가가 두렵기 때문입니다. 완전한 자유를 선택함으로써 포기해야 할 것들을 감당할 자신이 없기 때문입니다. 자유를 얻기 위해 직장에서 과감히 사표를 내던지고 나면 당장 매월 통장으로 입금되던 월급이 중단되죠. 그렇게 되면 앞으로 뭘 먹고 살지 막막해질 것이 뻔하기 때문입니다. 진정한 자유를 원하지만 그러지 못하고 약간의 자유만을 선택하는 것입니다. 이러한 상태는 자유를 선택한 것이 아니라 포기하는 것에 가깝습니다. 이런 관점으로 보자면 직장인에게 월급이란 자유를 포기함으로써 얻게 된 반대급부인지도 모릅니다. 대다수 직장인들은 햄릿이기도 합니다. 샐러리맨은 매번 '밥이냐 자유냐, 그것이 문제로다'로 고민하는 존재입니다.

밥과 자유, 월급과 자유 중에서 어느 것을 선택해야 할까요? 《장자》〈양생주養生主〉 편에는 이런 이야기가 나옵니다. "늪가에 사는 꿩은 열 걸음을 가서 먹이를 한번 쪼아먹고 백 걸음을 가서 물을 한 모금 마시지만, 새장 속에서 길러지기를 바라지 않습니다. 그렇게 살면 겉모습은 비록 번드르르해지겠지만 마음이 즐겁지 않기 때문입니다." 장자는 늪가에 앉은 꿩 한 마리를 눈여겨보았습니다. 꿩은 열 걸음을 걸어가서야 겨우 먹이를 한 번 쪼아먹었고, 백

걸음을 걸어가야 겨우 물 한 모금을 마십니다. 꿩은 생존을 위해 고단한 삶을 살고 있습니다.

장자는 그러한 모습의 꿩을 불쌍하게 생각했을까요? 그렇지 않습니다. 장자는 꿩이 힘겹게 먹이와 물을 먹는 모습을 측은하게 보지 않았습니다. 매일 수고롭게 움직여야 하는 고된 일상이지만, 그렇다고 해서 새장 속에 갇히기를 원치 않았기 때문입니다. 장자는 꿩의 일상이 몸은 힘들지만 마음만은 자유롭다고 보았습니다. 한마디로 자유가 있는 삶입니다. 들판의 꿩은 '밥이냐 자유냐'라는 햄릿의 고민에서 당당히 자유를 선택한 동물입니다. 반면에 대다수 샐러리맨은 자유보다는 밥을 선택한 사람들입니다. 자유의 선택이라는 관점으로만 보면, 꿩의 실존 능력이 인간보다는 한 수 위라 하겠습니다.

자유보다는 밥을 선택한 샐러리맨은 어쩔 수 없이 자유를 포기한 채 살아야 할까요? 그렇지 않습니다. 불가피하게 지금은 밥을 선택했더라도 영원히 자유를 포기하고 살 수는 없습니다. 사르트르에 따르면, 인간은 기본적으로 자유롭게 살도록 조건 지어진 존재입니다. 따라서 인간 존재의 본성상 '밥과 자유'라는 햄릿의 고민에서 영원히 자유를 포기하고 밥만 선택할 수는 없습니다. 자유를 포기하는 순간 인간이 아니라 사물에 불과하기 때문입니다.

자유를 과감히 선택하기 위해서는 어떻게 해야 할까요? 도대체 자유란 무엇이기 그렇게 선택하기가 쉽지 않은 것일까요? 사전적으로 자유란 '자기 마음대로 할 수 있는 상태'를 말합니다. 즉, 아무런 외부의 구속이나 제약이 없는 상태에서 자기가 하고 싶은 대로 하는 게 자유입니다. 그런데 우리가 자유의 의미를 사전적인 개념으로만 이해하면 문제가 발생하기 쉽습니다. 예를 들어보겠습니다. 어떤 학생이 수업 중에 갑자기 공부가 하기 싫어졌습니다. 그래서 자기 마음대로 교실을 박차고 나와 PC방에서 게임을 했습니다. 구속에서 벗어나 자유를 선택한 것입니다. 그 학생은 이제 어떻게 될까요? 아마 큰 사달이 날 것입니다.

이처럼 자유를 선택한답시고 마음 내키는 대로만 행동하면 자유롭기는커녕 더 큰 문제가 생길 수도 있습니다. 왜 그럴까요? 자유의 속성이 그러하기 때문입니다. 자유의 진정한 의미를 이해하기 위해서는 니체의 도움을 받을 필요가 있습니다. 니체는 자유를 '자기 마음대로 하는 상태'가 아니라고 보았습니다. 그는 또 자유가 아무에게나 쉽게 주어지지 않는다면서 이렇게 주장했습니다. "자유는 그 누구에게도 기적의 선물처럼 하늘에서 떨어지지 않는다." 니체가 보기에 자유는 누구나 마음만 먹으면 가질 수 있는 게 아닙니다.

자유는 언제 어떻게 주어지는 것일까요? 니체는 이렇게 주장했습니다. "자유는 최고의 저항이 끊임없이 극복되는 곳에서 발견된다." 니체가 보기에 자유는 그것을 억압하는 저항과 관련이 있습니다. 저항을 극복한 지점, 저항을 넘어선 곳에 자유가 있다는 뜻입니다. 이 말은 저항이 없다면 자유도 없다는 뜻이기도 합니다. 예컨대, 직장인들은 근무시간 중에는 자유가 없다고 느끼다가도 퇴근 이후 저녁시간이 되면 자유를 느낍니다. 왜일까요? 그동안 직장에서 자유를 억압받았기 때문입니다. 직장인과 달리 하루 종일 집에서 빈둥거리던 실업자는 저녁이 되어도 자유를 느끼지 못합니다. 그에게는 애초부터 자유를 억압하는 것이 없었기 때문입니다. 실업자에게는 자유시간이 주어져도 자유롭다고 느끼지 못하는 이유는 평소에 저항이 없었기 때문입니다.

결국 자유를 느끼기 위해서는 먼저 자유를 억압하는 저항이 있어야 합니다. 자유란 그 저항을 극복했을 때 느끼는 감정이기 때문입니다. 이해를 돕기 위해 예를 들어보겠습니다. 여기 평소 게임을 좋아해서 부모로부터 매번 "게임 그만하고, 공부 좀 하라"며 감시를 당하는 자녀가 있다고 칩시다. 이 상황이라면 자녀는 자신에게 자유가 없다고 느낄 것입니다. 그 상황에서 자녀는 자유를 얻기 위해서 어떻게 해야 할까요? 그냥 부모님 눈을 피해 계속 게임에만 몰두한다면 자유롭다고 느낄까요? 절대 그렇지 않습니다. 그 상황에서 자녀가 게임에만 몰두한다면 부모는 더욱 강하게 자녀를 억압하려 들 것입니다. 이처럼 자녀가 부모의 감시를 피해 몰래 게임에 몰두한다면, 그 상태는 저항을 극복한 게 아니라 회피한 것에 불과합니다. 자기 마음대로 한다면 일시적으로는 자유로울지 모르겠지만, 궁극적으로는 더 심하게 자유를 옥죄어 올 것입니다.

진정한 자유를 얻으려면 어떻게 해야 할까요? 니체에 따르면, 진정한 자유는 저항을 넘어서야만 비로소 주어집니다. 가령, "게임 그만하고 공부 좀 하라"고 요구하는 부모의 기대보다 더 열심히 공부해서, 그 결과 부모님 입에서 "애야, 그렇게 공부만 하지 말고 좀 쉬어가면서 해라"라는 말이 나와야 비로소 자녀는 온전한 자유를 획득하는 것입니다. 말하자면, 공부하라는 부모의 저항을 오히려 더 높은 수준으로 넘어서야 비로소 부모는 자녀를 억압하는 일을 멈추고 완전한 자유를 선사해줍니다.

물론 니체의 주장처럼 실천하기란 결코 쉬운 일이 아닙니다. 그래서 니체는 자유가 "기적의 선물처럼 하늘에서 떨어지지 않는다"고 말한 것입니다. 흔한 일은 아니지만, 간혹 부모로부터 공부에 대해 자유를 획득한 친구들이 있습니다. 그들은 모두 어떤 형태로든 공부에 대한 부모님의 저항을 극복한 사람입니다. 결국, 니체가 말하는 자유란 자기가 하고 싶은 대로 하는 것이 아닙니다. 자신의 모든 저열한 본능과 욕구를 통제하는 능력을 의미합니다. 그것은 높은 수준의 목표를 향해 자신의 모든 에너지를 집중시키는 능력입니다.

니체가 말하는 자유의 이미지는 연어라는 물고기를 연상하면 쉽게 이해할 수 있습니다. 연어는 알을 낳기 위해서 강의 상류를 향해 거센 물살을 거슬러 올라가며 사투를 벌이잖아요. 거센 물살이라는 저항을 극복하려는 연어의 처절한 몸짓이야말로 자유를 향한 투쟁의 대표적인 이미지입니다. 결국, 자유란 현재 상태보다 더 높은 곳을 향해 저항을 극복함으로써 새롭게 태어나는 능력을 말합니다. 저항을 극복하고 더 높은 단계로 나아감으로써 새롭게 태어나게 되고, 그 과정에서 진정한 의미의 자유를 획득하게 되는 것입니다.

  결국 자신을 억압하는 저항을 회피하기만 해서는 자유를 쟁취할 수 없습니다. 자유는 저항을 극복한 사람에게만 주어지는 인고와 노력과 투쟁의 산물입니다. 해서, 자유롭고 싶은 사람이라면, 자신의 자유를 가로막는 저항을 확인하고 그것을 넘어서기 위해 노력해야 합니다. 자유란 언제나 저항 너머에 존재한다는 사실을 잊어서는 안 되겠습니다.

14

Dress

복장

화려한 드레스는
행복의 증거가 될 수 없다

시녀들(디에고 벨라스케스, 1656)

퐁파두르 후작부인(프랑수아 부세, 1756)

“옷이 날개다”라는 말이 있습니다. 일반적으로는 ‘좋은 옷을 입으면 사람이 돋보인다’는 의미로 사용되는 표현입니다. 아닌 게 아니라 평범한 외모의 소유자도 옷을 잘 입으면 꽤나 멋져 보일 수 있다는 점은 부정할 수 없는 사실입니다. 현대에 와서는 패션 산업이 크게 발전했는데, 그 배경에는 ‘옷이 날개’인 이유도 분명 한몫했을 것입니다. 하지만 ‘옷이 날개’라는 말의 의미는 글자 그대로도 해석이 가능합니다. 날개는 위로 날아오르는 유용한 수단입니다. 따라서 날개를 단 사람은 높은 위치로 오르는 데 유리합니다. 즉 지금보다 나은 삶을 꾀하는 사람이라면 좋은 옷을 갖춰 입어서 자신을 돋보이게 해야 합니다. 옷에도 투자를 아끼지 말아야 합니다.

　그런 이유 때문인지 예로부터 옷은 신분을 나타내는 수단이 되기도 했습니다. 신분이 낮은 계층에게 옷이란 몸을 가리고 추위로부터 신체를 보호하는 등 '걸치는' 용도였습니다. 그래서 노예나 평민에게는 옷에 대한 별도의 격식이 없었습니다. 이와 달리 상류층에게는 옷이 신분과 지위를 드러내는 수단이었습니다. 따라서 왕이나 귀족 등 상류층 사람들에게는 복장에 대한 엄격한 규범과 예절이 뒤따랐습니다. '올바른 차림새'라는 의미의 정장正裝이나 '예의를 갖춘 옷'이라는 의미의 예복礼服이라는 말은 상류층에게만 적용되는 옷에 대한 규범입니다.

결국 지위와 계급에 따라 옷을 입는 목적과 지향점이 다릅니다. 하류층에게 옷이란 경제성과 실용성이 우선하지만, 상류층에게는 얼마나 품위를 드러내고 격식에 맞는지가 중요했습니다. 상류층의 의복문화는 그림을 통해서도 잘 관찰할 수 있습니다. 예컨대, 스페인의 천재 화가인 디에고 벨라스케스Diego Velazquez, 1599~1660의 〈시녀들Las Meninas〉을 보면 당시 상류층의 복장이 어떠했는지를 잘 엿볼 수 있습니다.

오른쪽 그림은 벨라스케스의 대표작으로 스페인의 어린 공주와 주변 인물을 그린 집단초상화입니다. 그림 중앙에서 시녀들의 도움으로 옷 단장을 받고 있는 어린 소녀가 주인공인데, 그녀는 펠리페 4세의 공주이자 왕위 계승자인 마르가리타 공주로 당시 4세였습니다. 17세기 중반 스페인이 황금시대를 구가하던 시절 왕위에 오른 펠리페 4세는 첫 번째 부인인 이사벨 왕비가 사별하자 1649년 마리아나 왕비와 두 번째로 결혼했습니다. 마르가리타 공주는 그들 사이에서 태어난 첫째 아이로, 그림이 완성될 당시 부부의 유일

디에고 벨라스케스, 〈시녀들〉
1656

한 자녀였습니다. 때문에 그녀는 국왕 부부의 극진한 보호와 사랑을 받았습니다.

그림에서도 알 수 있듯이, 공주는 항상 멋진 드레스를 잘 차려입고 주위의 시녀들로부터 꽃단장을 받으며 자랐습니다. 화려하게 차려입은 공주 옆에는 그녀를 보살피려는 사람들로 가득합니다. 마치 슈퍼스타가 전속 매니저와 코디, 메이크업 아티스트 등에 의해 관리를 받고 있는 것 같습니다. 그림 왼쪽에서 화구를 들고 있는 남성은 당시 궁정화가로 활동하던 벨라스케스 자신입니다. 공주 뒤쪽에 있는 벽에는 거울이 하나 걸려 있는데, 그 속에는 펠리페 4세와 마리아나 왕비의 모습이 비칩니다. 공주가 꽃단장을 하고 있는 모습을 부모인 국왕과 왕비가 앞에서 지켜보고 있는 것입니다. 대를 이를 자식이 귀했던 국왕 부부에게서 그녀는 금지옥엽인양 극진한 사랑과 보호를 받고 있습니다.

강성한 대국의 공주로 태어나 항상 시녀들의 도움을 받으며 화려한 옷을 입고 사는 그녀는 그것 때문에 행복한 일상을 보내고 있을까요? 알 수 없습니다. 화려한 드레스가 곧 행복을 보장해주는 것은 아니기 때문입니다. 인도의 시인 라반드라나트 타고르는 《기탄잘리》에서 지나치게 화려한 복장이 좋지 않다면서 다음과 같이 적었습니다. "왕자의 옷으로 치장하고 보석 목걸이를 목에 건 아이는 어떤 놀이를 해도 아무 기쁨이 없습니다. 모든 발걸음마다 옷이 방해가 됩니다. 옷이 해질까, 흙먼지로 더럽혀질까 두려워 아이는 세상과 거리를 두고, 움직이는 것조차 겁을 냅니다." 타고르에 따르면, 지나치게 화려한 복장이나 장신구는 아이의 행복에는 부정적인 결과를 가져다줍니다. 그것들로 인해 아이는 놀이의 기쁨을 모릅니다. 또한 움직임에도 제약을 받고, 그 결과 세상과 거리를 두게 됩니다. 화려한 옷이 해질까, 흙먼지로 더럽혀질까 두려워하기 때문입니다.

화려한 복장은 아이의 정서 발달에도 도움이 되지 않습니다. 타고르는 이렇게 주장합니다. "화려한 옷과 장식에 둘러싸여 건강한 대지의 흙에서 멀어진다면, 그리하여 평범한 인간 삶의 거대한 축제 마당에 입장할 자격을 잃게 된다면, 그것이 무슨 소용입니까?" 항상 화려한 드레스만 입고 있는 아이는 흙바닥에 앉아서 친구들과 소꿉놀이도 할 수 없고, 운동장에서 공놀이를 즐길 수도 없습니다. 지나치게 화려한 옷이 건강한 대지와 멀어지게 하고, 그 결과 평범한 사람들이 누리는 거대한 축제 마당에 입장할 자격을 잃게 만듭니다.

이렇듯 옷은 아이에게 의관衣冠이 되어서는 곤란합니다. 지나치게 화려한 옷은 아이의 행동을 제한하고 기쁨을 앗아갑니다. 사실 아이에게 옷은 활동하기에 편하면 그만입니다. 사람들은 흔히 화려하고 멋진 옷을 차려입은 사람은 다들 행복할 것이라고 생각하지만 그건 어디까지나 속물근성에 젖은 어른들의 관점일 뿐입니다. 어른들과 달리 아이들은 화려한 드레스에 별다른 감흥이 없습니다. 아이에게 화려한 옷은 오히려 자유로운 움직임을 방해하는 거추장스러운 물건일 수도 있습니다.

어디 아이만 그럴까요? 화려한 복장이 불편함을 초래한다는 점은 어른들에게도 적용되는 원리입니다. 어른들에게도 지나치게 화려한 복장은 오히려 행동을 제한하고 삶에서 만나는 소소한 기쁨을 지나치게 만듭니다. 수천만 원짜리 밍크코트를 걸친 사람은 시장통에서 삼겹살을 뒤집어가며 친구와 소주잔을 기울이기 어렵습니다. 값비싼 밍크코트에 싸구려 삼겹살 냄새가 배면 곤란하니까요. 요컨대, 화려한 복장은 삶의 정겨움을 경험할 기회를 빼앗고, 평범한 사람들이 일상적으로 누리는 축제의 마당에 출입을 제한합니다.

그럼에도 사람들은 화려한 복장을 차려입은 모습을 굳이 마다하지는 않습니다. 특히 남성보다는 여성의 경우에 더욱 그렇습니다. 인간은 본디 아름다움을 추구하는 본성이 있는데, 화려한 옷이 미적인 면을 더욱 돋보이게 만들기 때문입니다. 이 대목에서 관련된 작품을 하나 더 소개하겠습니다. 로코코 미술을 대표하는 화가 프랑수아 부셰François Boucher, 1703~1770의 〈퐁파두르 후작부인Marquise de Pompadour〉이라는 작품입니다.

작품 속 주인공은 순백색의 피부와 달걀형의 얼굴, 밝은 갈색 머리와 여리여리한 몸매 등 아름다운 요소를 두루 갖춘 전형적인 미인의 모습입니다. 특히 눈길이 가는 곳은 그녀가 입고 있는 화려한 드레스입니다. 그녀는 수십 개의 장미꽃 자수가 새겨진 초록색의 품이 넓은 드레스를 입고 있는데, 그것이 그녀의 외모를 더욱 돋보이게 만들어줍니다. 사실 그녀가 입고 있는 드레스는 아무나

프랑수아 부셰, 〈퐁파두르 후작부인〉
1756

입을 수 있는 것이 아닙니다. 저런 옷을 입고 빨래나 설거지를 한다는 것은 상상하기 어렵습니다. 그렇기에 저 드레스는 그녀의 신분을 나타내기도 합니다. 그녀의 화려한 드레스는 그녀가 잡다한 집안일에는 신경을 쓰지 않아도 될 만큼 높은 신분의 소유자임을 암시해줍니다. 아닌 게 아니라 그녀의 오른손에는 책이 들려 있습니다. 요컨대 그녀의 화려한 드레스는 그녀가 상류층 사람임을 드러내는 상징이자 기호입니다.

부셰가 활동하던 시기는 프랑스 루이 15세가 재위하던 시절과 거의 겹치는데, 작품 속 주인공인 퐁파두르 후작부인은 루이 15세의 정부였습니다. 무릇 권력자는 아름다운 여성을 탐하는 경우가 많잖아요. 빼어난 미모와 상당한 교양을 갖춘 그녀는 본래 귀족 출신이 아니라 파리의 부르주아 출신으로 스무 살에 결혼하여 자식도 낳는 등 평범한 삶을 살았습니다. 그녀의 운명이 극적으로 바뀐 계기는 1745년 왕실의 가면 무도회에서 루이 15세를 만난 뒤부터입니다. 단번에 그녀의 아름다움에 반한 루이 15세는 그녀를 남편과 이혼시킨 후 베르사유 궁전에 살게 했고, 퐁파두르 후작부인이라는 작위를 내렸습니다. 아름다운 미모와 지성으로 왕의 정부가 된 그녀는 죽을 때까지 루이 15세의 마음을 사로잡았으며, 정치나 예술 분야에서도 큰 영향을 끼쳤습니다.

아름다운 미모를 바탕으로 부르주아에서 귀족으로 신분 상승에 성공한 그녀는 그다음부터 행복한 삶을 살았을까요? 흔히 사람들은 왕실에서의 삶을 생각하면 으리으리한 궁궐과 멋진 장식물,

아름다운 드레스와 맛난 음식 등을 떠올리지만, 그것만이 전부는 아닙니다. 왕실은 정치와 외교의 장이며, 사교와 문화의 공간이기도 합니다. 그녀의 업무는 정부 관료나 정치인들이 하는 일을 겸해야 하는 중노동이었습니다. 게다가 사적인 시간은 거의 낼 수가 없었습니다. 일례로 그녀가 궁전 생활을 하던 시절 친정아버지가 돌아가셨는데, 그녀는 슬퍼할 겨를도 없이 화장한 얼굴로 연회에 참석하여 왕을 위해 웃고 떠들어야만 했습니다. 사적인 일이나 개인적 기분과는 무관하게 왕실의 만찬이나 무도회에는 빠짐없이 참석해야 했으며, 미모를 유지하기 위해 하루도 운동을 거를 수 없었습니다.

그녀의 궁전생활이 어떠했는지는 그녀가 지인에게 보낸 편지에 잘 나타나 있는데, 내용은 다음과 같습니다. "내 인생은 끔찍해요. 단 1분조차 나만의 시간을 가질 수 없어요. 끝없는 접견과 반복되는 의무적인 행사들, 1주일에 2번 넘게 뮈에트성 같은 작은 성들 사이를 끊임없이 떠돌아다녀야 하는 여행의 연속, 언제나 사려 깊게 행동해야 하는 왕후나 왕세자, 왕세자비에 대한 의무…" 겉으로 보여지는 화려함 속에는 남모를 고충이 숨어 있었던 것입니다. 호수 위를 유유자적하게 노니는 백조가 수면 아래에서는 두 발을 쉼 없이 놀려야 하듯이, 그녀의 화려한 드레스와 여유로운 미소 아래에는 행복과는 거리가 먼 의무감과 부자유가 감추어져 있었습니다. 그럼에도 사람들은 후작으로서의 지위와 화려한 외향만 보고 그녀를 부러워하는 경우가 많았습니다.

사람들은 왜 그녀의 내면적 고충을 몰라보고, 외형적인 모습만으로 판단하는 것일까요? 그 이유는 인간의 내면에는 허영심虛榮心이 도사리고 있기 때문입니다. 허영이란 말 그대로 '헛된 영화'를 뜻하는데, 실속은 없이 겉모습뿐인 영화를 말합니다. 절대권력자인 루이 15세의 정부가 된 퐁파두르 부인의 모습도 허영에 가깝습니다. 남들에게 보여지는 겉모습은 화려하지만 실속은 끔찍한 일상의 연속이었으니까요. 허영심에 사로잡힌 사람은 자기 분수를 넘어 필요 이상으로 겉치레를 일삼는 경우가 많고, 타인에게 잘난 체하거나 우쭐거리는 경우가 많습니다. 다른 한편으로 허영심이 강한 사람은 다른 사람의 화려한 외양外樣을 보면서 기가 죽거나 부러워하기도 합니다. 이들은 인간의 가치를 내면이 아니라 외형적인 모습으로만 판단하기 때문입니다.

화려한 드레스를 즐겨 입는 퐁파루드 부인은 허영심이 강한 사람일까요? 알 수 없습니다. 그녀의 화려한 삶은 외향과 실제가 다른 헛된 영화에 가깝지만 그녀가 허영심에 사로잡혔다고 단정할 수는 없습니다. 그녀의 드레스가 일반인이 보기에 지나치게 화려하지만 그녀의 현재 위치, 즉 왕의 정부이자 후작 신분임을 감안하면 그 정도로는 자기 분수를 넘었다고 말하기는 어렵습니다. 또, 그녀가 다른 사람에게 잘난 체하거나 우쭐렸는지도 알 수 없습니다. 퐁파두르 부인보다는 오히려 그녀의 모습을 보고 부러워한 사람이 있다면, 그 사람의 허영심이 더 클 수도 있습니다.

솔직하게 말하면, 사람들은 누구나 어느 정도의 허영심은 가지고 있다고 보는 편이 타당합니다. 프랑스 철학자 블레즈 파스칼은《팡세》에서 허영심은 모든 사람이 가지고 있다면서 이렇게 주장했습니다.

—

허영은 그렇게도 깊이 인간의 마음에 닻을 내리고 있기 때문에, 군인도 심부름꾼도 요리사도 인부도 제각기 자만하고, 자기를 칭찬해줄 사람을 얻으려 한다. 그리고 철학자들조차 그것을 얻고 싶어한다. 또한 그것에 반대해서 쓰고 있는 사람들도 솜씨 좋게 썼다는 칭찬을 듣고 싶어한다.

—

파스칼에 따르면, 허영심은 모든 사람의 마음에 뿌리 깊게 닻을 내리고 있습니다. 그 결과, 직업에 관계없이—가령, 군인도 심부름꾼도 요리사도 인부도 심지어 철학자까지도—자기를 칭찬해줄 사람을 찾는다는 겁니다.

사실 모든 인간에게는 잘난 체하거나 우쭐거리고 싶은 욕망인 허영심이 내재되어 있습니다. 허영심은 직업과 나이를 초월합니다. 심부름꾼도 자기를 칭찬해주면 좋아합니다. 고상해 보이는 철학자나 작가조차도 별반 다르지 않습니다. 작가들도 자신의 책을 읽은 독자가 칭찬 일색의 서평을 남기면 기분이 좋아집니다. 어쩌면 작가는 그러한 칭찬의 반응을 기대하면서 글을 쓰는지도 모릅니다. 작가의 책을 읽고 공개적인 서평을 남긴 사람도 마찬가지입니다. 그 사람도 자신의 글에 대해 칭찬받기를 원하고, 실제로 칭찬을 해주면 기분 좋아합니다. '칭찬은 고래도 춤추게 만드는 법'이니까요. 요컨대 남들에게 잘난 체하고 칭찬받고 싶어하는 마음(허영심)은 모든 사람에게 내재되어 있는 본능에 가깝습니다.

　　남들에게 칭찬받고 싶어하고 허영을 부리는 것이 인간의 본능이라면, 이 본능대로 사는 것은 괜찮은 일일까요? 인간은 본능적 욕구를 가졌고, 그것을 어느 정도 충족하며 살아야 하지만 본능대로만 사는 것은 결코 바람직한 일은 아닙니다. 본능대로 사는 것은 동물이지 인간이 할 짓은 아니거든요. 칭찬받고 싶고 잘난 체하고 싶은 것이 삶의 최우선 기준이 되면 때로는 어이없는 행동을 저지르게 됩니다. 프랑스 소설가 앙드레 지드가 이런 말을 했습니다. "남에게 우스꽝스럽게 보이지나 않을까 하는 두려움 때문에 우리는 최악의 비겁한 짓들을 하게 된다." 칭찬을 바라고 허영에 들뜬 사람은 상식적이지 않은 행동을 할 때가 많습니다. 이런 유형의 사람들은 자기 분수에 맞지 않는 고급 차를 타고, 수입에 넘치는 비싼 가방과 명품 옷을 가지려고 사활을 겁니다. 이들은 도를 넘어서 지나치게 겉치레에만 투자하기 때문에 정작 자기 자신에게는 비겁한 짓을 하는 꼴입니다.

　　허영심이 문제가 되는 이유는 무엇일까요? 일단 허영심을 일삼는 사람은 과도한 겉치레를 통해 다른 사람들을 속이는 것이 문제입니다. 실속은 없는 자가 외형적인 모습을 잘 포장하여 타인을 현혹시킵니다. 하지만 더 큰 문제는 허영심이 자기 자신도 속인다는 데 있습니다. 허영심에 들뜬 사람은 지나치게 타인의 생각이나 시선을 의식함으로써 자기 자신을 기만하는 결과를 낳기도 합니다. 이러한 주장을 펼친 사람은 니체입니다. 우선 그의 말을 들어 보시죠.

—

허영심에 차 있는 사람은 탁월해지기를 원하는 것이 아니라 스스로 탁월하다고 느끼기를 원한다. 따라서 그는 자기기만과 자기계략의 수단을 거부하지 못한다. 그에게 잊히지 않는 것은 다른 사람의 의견이 아니라 다른 사람의 의견에 대한 자신의 생각이다.

—

니체에 따르면, 허영심에 가득 찬 사람은 자신보다는 타인의 시선을 더 많이 의식합니다. 그 결과, 실제 자신의 모습보다는 자기를 바라보는 타인의 느낌이나 생각에 더 많은 신경을 씁니다. 좀 더 정확히 말하면, 다른 사람의 의견이 아니라 "다른 사람의 의견에 대한 자신의 생각"을 더 중요하게 생각합니다. 이러한 의식은 자연스럽게 자기기만이나 자기계략의 수단으로 이어집니다. 허영심에 빠진 사람은 타인의 생각과는 별개로 스스로를 긍정적으로 해석하는 경향이 있습니다. 그 결과, 이른바 '공주병' '왕자병'으로 발전하기 쉽습니다. 요컨대, 허영심에 사로잡힌 사람은 처음에는 타인의 시선을 의식하다가 급기야 자기 자신마저 속이는 결과로 이어집니다.

허영심이 궁극적으로 문제가 되는 것은, 아무리 분수에 넘치게 겉치레에 투자해도 정작 행복에는 이르지 못한다는 데 있습니다. 허영심에 사로잡힌 사람은 항상 타인의 시선을 의식하게 되는데, 이렇게 되면 좀처럼 행복감을 느끼기가 어렵습니다. 행복의 판단이 변덕스러운 타인에게 맡겨져 있기 때문입니다. 또, 겉치레에만 신경을 쓰는 사람을 자신의 내면을 가꾸는 데 소홀하기 쉽습니다. 그 결과, 더욱 자기기만에 몰두하게 됩니다. 결국 진정한 행복을 원한다면 겉치레보다는 내면을 가꾸는 데 집중해야 합니다. 행복은 언제나 타인의 시선이 아니라 자신의 판단에 달려 있기 때문입니다.

허영심에 사로잡힌 사람은 과소비를 즐깁니다. 과소비를 해서라도 겉모습을 잘 포장해야 하기 때문입니다. 한편, 이들은 소비의 목적이 남다르다는 점도 눈여겨둘 만합니다. 사람들은 흔히 어떤 물건을 살 때 그것을 사용할 목적으로 구매한다고 생각합니다. 하지만 실상은 그렇지 않습니다. 《소비의 사회》의 저자인 장 보드리야르Jean Baudrillard, 1929~2007는 사람들이 소비를 하는 이유에 대해 다음과 같이 주장했습니다. "사람들은 자신을 타인과 구별 짓는 기호로서 사물을 항상 조작한다." 보드리야르에 따르면, 사람들이 소비를 하는 목적은 사용가치 때문이 아니라 '구별 짓기' 위함입니다. 간혹 사람들 중에는 자기 소득에 비해 지나치게 값비싼 고급차를 타고 다니는 경우가 있는데, 이 경우는 타인과 자신을 구별 짓고 차별화하기 위한 목적이 더 크다고 볼 수 있습니다.

허영심이 강한 사람은 과소비를 해서라도 타인과 구별 짓기를 시도함으로써 자신의 신분을 높이려고 합니다. 하지만 그들의 구별 짓기가 항상 성공하는 것은 아닙니다. 자신의 경제력이나 소득수준을 넘어서는 과소비를 일삼는 사람은 그것을 통해 구별 짓기를 시도하지만, 실상은 계급적 열등의식을 없애보려는 안타까운 몸부림에 그칠 때가 많습니다. 보드리야르도 이 점을 명확히 지적한 바 있습니다. "소비 충동은 사회계급의 수직적인 서열에서 충족되지 않은 욕구를 보상하는 것이 될지도 모른다. 따라서 '과소비' 갈망은 지위를 추구하는 요구의 표현인 동시에 이 요구의 실패를 체험한 데서 나오는 표현일 것이다." 과소비를 일삼는 소비 충동은 계급이나 지위 상승의 욕망에서 비롯되는 동시에, 그러한 소비 충동은 계급 상승의 욕구가 실패했음을 깨닫는 데서 나오는 반작용에 불과하다는 것입니다.

결국 허영심에 사로잡혀 과소비를 일삼는 사람은 계급 상승에 대한 큰 욕망을 가졌지만 그것에 대한 실패나 좌절감 때문에 이를 보상하기 위한 목적으로 더욱 과소비에 매달리게 됩니다. 따라서 주변에 과소비를 통해 자신을 뽐내려는 사람이 있다면, 그를 부러워할 필요가 전혀 없습니다. 그냥 자신의 부족함을 숨기려는 안타까운 몸부림으로 이해해도 좋겠습니다. 이제 우리는 화려한 드레스 차림의 마르가리타 공주나 퐁파두르 부인을 보면서 부러워할 이유가 없습니다. 화려한 드레스는 결코 행복의 증거가 될 수 없습니다. 허영심은 행복보다는 불행을, 우월감보다는 열등감을, 만족감보다는 좌절감을 불러오기 쉽습니다.

15

False consciousness

허위의식

진실을 고백하는 것은
무척 위험하다

올랭피아(에두아르 마네, 1863)

비너스의 탄생(카바넬, 1863)

우르비노의 비너스(티치아노, 1538)

학창시절 친구들끼리 자주 하는 놀이 중에 '진실 게임'이란 것이 있습니다. 진실 게임은 상대방이 궁금해하는 질문에 대해서 숨김없이 솔직하게 말하도록 강제하는 놀이입니다. 마치 고위공직자 청문회를 하듯이 "첫 키스는 언제 해봤냐?" "현재 마음에 두고 있는 이성이 있는가?" 등 공개적으로 말하기 어려운 질문을 던지면, 지목당한 사람은 숨김없이 진실만을 말해야 합니다. 한마디로 상대방에게 진심을 고백하도록 강요하는 놀이로 '고백 게임'이라 불러도 좋겠습니다. 고백告白이란 '하얗게 말한다'는 의미로 어떤 일이나 생각하는 바를 숨김없이 솔직하게 말하는 행위입니다. 사람들은 왜 진실 게임을 하는 것일까요? 그 이유는 평소 사람들이 진실만을 말하지 않기 때문입니다. 만약 모두가 솔직하게 말한다면 굳이 진실 게임을 할 이유가 없습니다. 이렇듯 진실 게임이 존재한다는 것은 평소 사람들이 자기 생각을 솔직하게 드러내지 않는다는 반증이라고 해석할 수도 있습니다.

우리는 항상 숨김없이 진실하게 말하고 행동해야 할까요? 꼭 그렇지만은 않습니다. 진실을 말하는 것에도 위험이 따르기 때문입니다. 예를 들어보겠습니다. 여기 맞선을 보러간 남성이 있습니다. 그는 상대 여성이 무척이나 마음에 들었습니다. 이에 남성은 자신의 감정을 숨김없이 말해야겠다고 생각하여 여성에게 자신의 속마음을 솔직하게 털어놓았습니다. "나는 당신이 무척 마음에 듭니다. 그러니 어서 빨리 사랑을 나눕시다." 남성의 솔직한 고백을 받은 여성의 기분은 어떨까요? 두 사람은 좋은 관계로 발전할 수 있을까요? 굳이 말하지 않더라도 결과는 쉽게 상상할 수 있을 것입니다. 물론 현실에서는 앞의 예처럼 행동하는 사람은 거의 없을 것입니다. 우리는 대부분 자신의 속마음을 숨김없이 말하는 것에도 상당한 위험이 따른다는 사실을 잘 알고 있기 때문입니다.

알베르 카뮈의 소설 《이방인》에 나오는 주인공 뫼르소가 그런 사실을 잘 보여줍니다. 소설에서 뫼르소는 살인을 저지르고는 재판을 받게 됩니다. 그는 재판과정에서 검사의 질문에 숨김없이 모든 사실을 털어놓습니다. 어머니를 양로원에 보낸 일, 어머니의 장례식에서 눈물을 흘리지 않은 일, 어머니의 시신 앞에서 커피를 마시고 담배를 피우고 잠을 잔 일, 장례식 다음 날 해수욕을 했으며, 거기서 만난 여인과 코미디 영화를 보고 섹스를 즐긴 일 등에 대해 솔직하게 고백했습니다. 결과는 어떻게 되었을까요? 뫼르소에게는 사형판결이 내려졌습니다. 그에게 사형판결이 내려진 이유는 그가 살인을 저질러서가 아닙니다. 결정적인 이유는 그가 어머니에게 매정하게 대했기 때문입니다. 살인자라서가 아니라 패륜아여서 사형이 선고된 것입니다. 만약 그가 재판과정에서 자신의 속마음을 조금이라도 숨겼다면 사형까지는 가지 않았을 것입니다.

이 점에 대해 카뮈는 이렇게 말했습니다. "우리 사회에서 자기 어머니의 장례식장에서 울지 않은 사람은 누구나 사형선고를 받을 위험이 있다." 결국 뫼르소는 살인을 저질러서가 아니라 지나치게 솔직했기 때문에 사형을 당한 것입니다. 인간의 의식은 언제나 진실을 향하고 있는 것 같지만, 현실은 반대인 경우도 많습니다. 가령, 어른들은 아이들에게 '매사에 정직하고 솔직해야 한다'고 가르치지만, 실상은 진실되게만 사는 것을 권장하지는 않습니다. 상황에 따라서는 진실을 숨기고 가면을 쓸 줄도 알아야 좋은 처세술이라고 생각합니다. 모든 상황에서 진실되게만 말하고 행동하는 이를 두고 사람들은 '고문관'이라며 놀리기도 합니다. 따라서 진실게임을 하더라도 결정적인 것은 숨기는 게 좋습니다. 그렇지 않으면 뫼르소와 같은 낭패를 당할 수도 있습니다.

'불편한 진실'이라는 말도 있듯이, 사람들은 때로 진실을 말해도 불편하게 생각하는 경우가 있습니다. 진실이긴 하지만 공공연한 비밀처럼 여겨지는 것을 누군가가 보란 듯이 만천하에 까발려버리면 난처한 입장이 되기도 합니다. 미술사에서도 유독 '불편한 진실' 때문에 사람들의 입방아에 자주 오르내린 화가가 있습니다.

대표적인 사람이 프랑스 화가인 에두아르 마네Edouard Manet, 1832~1883
입니다.

다음 그림은 인상주의 화가의 대표주자인 에두아르 마네의
〈올랭피아Olympia〉라는 작품입니다. 그림의 중앙에는 옷을 발가벗
은 채 침대에 누운 여인이 당당한 표정으로 정면을 응시하고 있습
니다. 침대는 흐트러져 있고, 한쪽 발에서 슬리퍼가 걸쳐 있습니
다. 그녀의 옆에는 흑인 하녀가 꽃다발을 들고 서 있으며, 발치에
는 검은색 고양이가 꼬리를 치켜들고 있습니다. 요즘으로 보면, 특
이할 것도 없는 그저 그런 누드화처럼 보이는 이 작품이 1865년 살
롱전에 출품되자 엄청난 비난과 조소의 대상이 되었습니다. 〈올랭
피아〉는 무엇 때문에 논란의 중심에 섰을까요?

우선 그림 속 주인공이 현실의 매춘부라는 점이 파격이었습
니다. 마네 이전에도 여성의 신체를 노출하는 누드화가 없진 않았
습니다. 알렉산드로 카바넬Alexandre Cabanel, 1823~1889의 〈비너스의 탄
생The Birth of Venus〉이나 티치아노Tiziano Vecellio, 1488~1576경의 〈우르비노
의 비너스Venus of Urbino〉처럼, 누드화의 대상은 여신이나 요정 등 주
로 신격화된 존재였습니다. 현실에는 실재 존재하지 않는 대상이
기에 실오라기 하나 걸치지 않는 나체도 신성하게 바라볼 수 있었
습니다. 실제 사람이 아닌 여신이기에 벌거벗은 몸을 보면서도 퇴
폐적이라는 생각은 갖지 않았습니다.

하지만 마네의 그림 속 여성은 지나치게 현실적입니다. 화가
는 그녀가 매춘부라는 사실을 공공연하게 밝히고 있습니다. '올랭

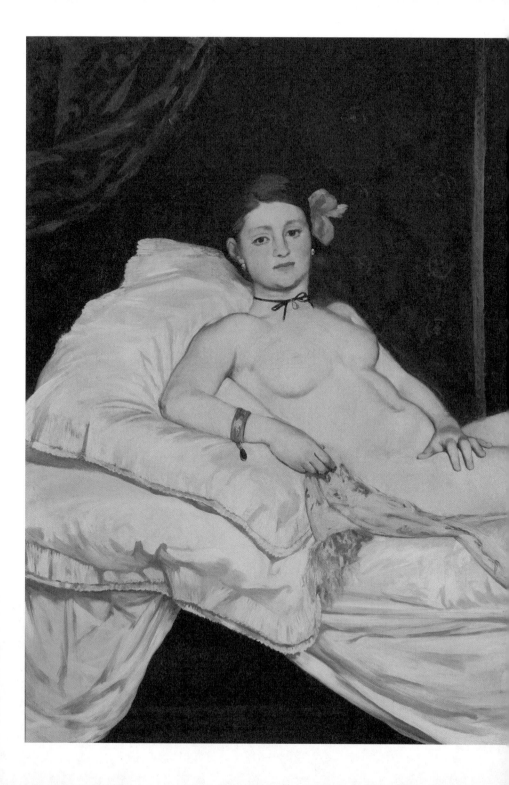

에두아르 마네, 〈올랭피아〉
1863

[상] **카바넬, 〈비너스의 탄생〉** 1863
[하] **티치아노, 〈우르비노의 비너스〉** 1538

피아'라는 이름은 당시 성매매 여성들이 흔히 사용하던 이름이고, 목에 두른 끈과 팔찌, 머리에 꽂혀 있는 꽃, 흐트러진 침대 등은 그녀가 매춘부임을 암시하고 있습니다. 흑인 하녀가 들고 있는 꽃다발도 그녀를 찾아온 남성이 들고 온 것으로 추정됩니다.

그림 속 여성이 무표정한 얼굴로 정면을 응시하고 있다는 것도 논란의 대상이었습니다. 그녀는 매춘 행위를 하고 있음에도 죄의식을 느끼지 않고 거만하게 상대를 노려보고 있습니다. 게다가 벌거벗은 상태에서도 부끄러워하는 기색이라곤 찾아볼 수 없습니다. 매춘 여성이면서도 굉장히 당당합니다. 그녀는 비록 돈을 벌기 위해 성매매를 하고 있지만, 애인이나 부인 몰래 매춘을 하러 오는 남성들에게 전혀 꿀릴 게 없다는 태도입니다. 이러한 설정 때문에 〈올랭피아〉는 살롱전에 출품과 동시에 사람들에게 수많은 공격을 받았습니다. 그의 작품은 음란하고 퇴폐적이라는 평가로 도배가 되었고, 화가는 엄청난 비난과 조소에 시달렸습니다.

마네는 무슨 잘못을 한 것일까요? 그가 현실을 왜곡한 그림을 그렸기 때문일까요? 그렇지 않습니다. 오히려 지나치게 솔직한 것이 문제였습니다. 당시 사람들에게 매춘 여성이란 성적 욕망의 은밀한 배출구이면서 동시에 숨기고 싶은 '불편한 진실'이었습니다. 그래서 그들은 밖으로 드러나서는 안 되는 존재입니다. 게다가 예술의 대상이 된다는 것은 상상조차 할 수 없는 일입니다. 하지만 마네는 그러한 암묵적 금기를 깨버렸습니다. 매춘부를 화폭에 담아서 있는 그대로 적나라하게 노출시켰습니다. 요컨대, 마네는 현실에 엄연히 존재하는 매춘 여성을 있는 그대로 진실하게 그린 덕분에 사람들에게 뭇매를 맞았습니다. 이처럼 진실을 밝히는 행위는 예술계에서도 위험천만한 일입니다.

페르소나persona 라는 말이 있습니다. 과거 로마시대 배우들은 무대에서 자신에게 주어진 배역에 해당하는 가면을 쓰고 연기를 했는데, 당시 배우들이 썼던 가면이 바로 페르소나입니다. 모름지기 배우란 무대에서 가면을 쓴 채 연기를 하는 사람입니다. 따라서 배우는 자신에게 주어진 가면에 따라 행동하고 연기할 줄 알아야 합니다. 왕의 가면이 주어지면 왕처럼 행동해야 하고, 신하의 가면이 주어지면 신하 역할을 해야 합니다. 이때 연기를 하는 배우는 자신의 기분이나 감정을 드러내서는 곤란합니다. 따라서 훌륭한 배우는 가면을 잘 써야 합니다. 자신에게 주어진 페르소나, 즉 가면을 쓰고 그것에 맞는 말과 행동을 할 줄 알아야 합니다.

배우가 아닌 일반인들은 가면을 쓰지 않아도 될까요? 그렇지 않습니다. 에픽테토스는 이런 말을 남겼습니다. "너는 작가의 의지에 의해 결정된 인물인 연극배우라는 것을 기억하라. 만일 그가 너에게 거지 구실을 하기를 원한다면, 이 구실조차도 또한 능숙하게 연기해야 한다는 것을 기억하라." 에픽테토스에 따르면, 모든 인간은 작가가 정해준 배역에 따라 연기해야 하는 배우입니다. 그가 말하는 작가란 신을 말합니다. '인생은 연극'이라는 말도 있듯이, 어쩌면 인간은 신이 정해준 배역에 따라 연기를 하면서 살아가는 연극배우인지도 모릅니다.

에픽테토스가 말한 '작가(신)'를 현대적으로 해석하면 '나에게 배역을 부여하는 타인'으로 봐도 무방합니다. 오늘날에는 신이 여럿입니다. 직장상사나 고객이 신인 경우도 있고, 때로는 배우자나 애인이 신으로 둔갑하여 역할을 부여하기도 합니다. 요컨대, 오늘날 자신에게 배역을 정해주는 사람은 모두 신입니다. 알다시피 신은 왕보다도 높은 존재입니다. 따라서 신의 말은 무조건 따라야 합니다. 예컨대, 직장에서 샐러리맨은 상사라 불리는 신이 정해준 배역에 따라 열심히 연기를 해야 합니다. 직장을 마치고 집으로 돌아가면 그곳에서도 떡하니 신이 버티고 있습니다. 배우자라 불리는 신이 "쓰레기 좀 버리고 와라, 청소 좀 해라" 하면서 배역을 정해줍니다. 이때 자신의 감정이나 기분을 표출하면서 명령을 거부하면 신이 노여워합니다. 해서, 웬만하면 자신의 감정을 숨긴 채 신이 정해준 역할을 성실하게 수행해야 합니다. 이처럼 우리는 자신의 실제 감정과 무관하게 자신에게 주어진 역할을 잘 수행해야 하는 연극배우인 셈입니다.

니체가 이런 말을 했습니다. "모든 심오한 존재는 가면 쓰기를 즐긴다." 니체도 인간은 누구나 자신의 욕망을 가면 속에 감춘 채 연기하듯 살아가는 존재라고 보았습니다. 우리는 왜 가면을 쓴 채 살아야 할까요? 왜 가면 쓰기를 즐겨야 할까요? 우리가 사는 세상이 그것을 요구하기 때문입니다. 우리가 사는 세상은 이상과 현실에 차이가 있고, 이론과 실제가 다른 세계입니다. 학교에서 배운 대로 세상이 돌아가지 않는 게 현실입니다. 알베르 카뮈는 이러한 현실을 '부조리'라고 불렀습니다. 부조리란 인간이 추구하는 정신(이상)과 그것을 좌절시키는 세계(현실) 사이의 불일치를 뜻합니다. 즉 인간은 항상 무엇인가를 바라지만 현실은 언제나 그 바람을 좌절시키는데, 이런 상태가 바로 '부조리'입니다.

카뮈에 따르면, 우리가 사는 세계는 기본적으로 부조리합니다. 우리가 생각하는 바와 현실에는 항상 괴리가 있습니다. 이처럼 부조리한 세상에서 살아가기 위해서는 어떻게 해야 할까요? 이상理想만을 추구해서는 곤란합니다. 이상과 현실이 다름을, 세상은 기본적으로 부조리함을 인정해야 합니다. 따라서 가면을 쓰고 허위의식虛僞意識을 내면화해야 합니다. 허위의식이란 진실이 아닌 것을 마치 진실인양 생각하는 것을 말하는데, 어떤 사태에 대한 태도에 있어서 이론과 현실, 이상과 실제의 괴리가 있는 생각이 여기에 해당합니다.

사실 우리는 알게 모르게 허위의식 속에서 살아가고 있습니다. 사람들은 돈을 밝히는 이를 두고 속물이라며 비난하지만, 한편으로는 모두가 어떻게 하면 돈을 벌지를 항상 고민하고 노력합니다. 입으로는 도덕을 지키며 선하게 살아야 한다고 말하지만, 아무도 보지 않는 곳에서는 저열한 욕망을 채우느라 정신이 없습니다. 이런 세상에서 살아가려면 허위의식이 필요합니다. 허위의식이 이상과 현실의 간극을 메워주기 때문입니다. 돈만 밝히는 행위가 바람직한 것은 아니지만 자본주의 사회에서 살아가기 위해서는 돈을 밝히는 것이 당연하다며 정당성을 부여해줍니다. 이처럼 허위의식은 표리

부동한 행위를 합리화시켜 주면서 양심의 가책을 덜어줍니다. 아무리 표리부동한 인간이라도 상황에 맞게 가면만 잘 쓰면 크게 문제될게 없습니다. 요컨대, 허위의식은 이상과 현실 사이에 괴리가 있을수밖에 없는 세상을 살아가기 위한 일종의 처세술입니다.

부조리한 세상을 살아갈 수밖에 없는 우리는 어쩔 수 없이 가면을 쓴 채 생활해야 할까요? 그렇지 않습니다. 연극배우가 자신에게 주어진 배역을 수행하기 위해서는 가면을 잘 써야 합니다. 하지만 그것은 어디까지나 무대 위에서만 그렇습니다. 연극이 끝난 뒤무대에서 내려온 다음에는 가면을 벗어야 합니다. 하루 종일 가면을 벗지 않고 연기만 하는 것은 결코 쉬운 일도 아니고, 바람직한상태도 아닙니다. 한번 생각해보세요. 배우가 24시간 내내 무대 위에서 연기만 하고 있으면 얼마나 피곤하고 힘들겠습니까? 결국 연극배우는 무대에서 가면을 쓰고 연기도 해야 하지만 때로는 가면을벗을 줄도 알아야 합니다. 연기를 마치고 무대에서 내려오면 가면을 벗은 채 휴식을 취해야 합니다. 가면을 벗은 본래 얼굴을 동료들에게 보여주면서 그동안의 노력에 위로도 받아야 합니다. 가면을 쓴 채로는 휴식을 취할 수도 없고 위로도 받을 수 없습니다.

연극배우가 아닌 일반인도 마찬가지입니다. 배우가 무대에서내려오면 가면을 벗듯이, 일반인도 직장에서 퇴근하면 가면을 벗어야 합니다. 어떤 이는 퇴근 후 친한 사람들과 술자리에서 가면을벗고 즐거운 시간을 갖기도 하고, 또 어떤 사람은 안식처인 집으로돌아가서 가면을 벗고 편안히 휴식을 취하기도 합니다. 그렇게 해야만 내일 또다시 가면을 쓰고 연기할 힘을 얻을 수 있습니다. 요컨대, 연기를 잘하려면 가면을 잘 쓰기도 해야 하지만 가면을 벗고 휴식을 취할 시간도 가져야 합니다. 휴식 없이 계속 연기만 해서는 좋은 배우가 될 수 없습니다.

한편, 사람은 아무데서나 가면을 벗지 않습니다. 자신의 '맨얼굴'을 보여줘도 괜찮을 사람 앞에서만 가면을 벗습니다. 초면인 경우나 불편한 사람 앞에서는 가면을 벗을 수가 없습니다. 맨얼굴은 아무에게나 보여주는 것이 아니기 때문입니다. 사람들은 대체로 가족이나 친한 친구 등 가까운 사이에만 가면을 벗습니다. 그들은 내가 맨얼굴을 보여주어도 충분히 이해해주기 때문입니다.

간혹 사람 중에는 가족끼리도 가면을 벗지 않는 경우도 있기는 합니다. 이러한 상태를 가족끼리도 격식을 차린다면서 긍정적으로 해석할 수도 있지만, 실상은 매우 피곤한 가족 관계입니다. 집에서도 연기를 하느라 휴식을 취하지 못하기 때문입니다. 따라서 가정에서만큼은 서로 가면을 벗고 휴식을 취하는 공간이 되어야 합니다. 그래야만 직장에서 가면을 쓰고 연기를 잘할 수 있기 때문입니다. 집에서조차 가면을 벗지 못하고 계속 연기를 해야 한다면 그것은 또 다른 직장에 불과합니다. 결코 바람직한 상태가 아닙니다.

결국 부조리한 세상을 살아가는 인간은 상황에 맞는 가면을 쓸 줄 알아야 합니다. 지나치게 솔직한 태도는 자칫 고문관이 되거나 타인에게 불쾌감을 줄 수도 있습니다. 하지만 가면을 잘 쓰기 위해서는 가면을 벗을 줄도 알아야 합니다. 그래야만 필요한 상황이 도래하면 능청스럽게 가면을 쓴 채 연기를 할 수 있습니다. 화장은 하는 것보다 지우는 것이 중요하다는 말도 있듯이, 가면을 쓰는 것보다 벗는 것이 더 중요한지도 모릅니다. 각자 스스로에게 한 번 물어보면 어떨까요? 나는 평소 가면을 잘 쓰고 있는지? 그리고 가면을 잘 벗기도 하는지?

16

Existence

실존

자기 자신으로 살고 싶다면
기꺼이 위험에 맞서야 한다

안개 바다 위의 방랑자(카스파르 다비드 프리드리히, 1818)

빙하(에드윈 처치, 1891)

살다 보면 가끔씩 '이렇게 살아도 될까' 하는 의문이 들 때가 있습니다. 자신이 살아가는 삶의 모습에 의구심이 드는 순간입니다. 이를 철학적 용어로 표현하면, '존재에 대한 의문'입니다. 소설가 밀란 쿤데라Milan Kundera 의 표현을 빌려서 말하자면, '참을 수 없는 존재의 가벼움'을 느끼는 순간이라고도 할 수 있겠습니다. 사람은 언제 존재에 대한 의문이 생길까요? 그것은 바로 자신이 실존하고 있지 않다고 느낄 때입니다. '어, 이게 아닌데…' 하면서 자기가 원하는 모습대로 살지 못하고 있다는 자각에 이르렀을 때입니다. 한마디로 길을 잘못 들어섰다는 느낌이 들 때입니다.

　사람들은 흔히 인생을 길에 비유하기도 합니다. 한 사람의 인생이란 그가 걸어간 길을 말합니다. 그런데 인생이라는 길을 걷다 보면 계획한 대로만 진행되지 않습니다. 중간에 자주 갈림길을 만나게 되는데, 그 지점에 도달하면 이쪽으로 갈지 저쪽으로 갈지를 고민하게 됩니다. 그러고는 결국 어느 한쪽을 선택을 한 뒤 그 방향으로 나아갑니다. 이런 식으로 매순간 선택한 길을 연결하면 개개인의 인생역정人生歷程이 됩니다.

사람들은 갈림길에서 어느 한쪽을 선택하고 나면 자신의 선택에 대해 만족할까요, 아니면 선택하지 않은 길에 대해 미련을 가질까요? 사람들은 숙고 끝에 내린 선택에 대해 만족하기보다 선택하지 않은 것에 대해 미련이 남는 경우가 많습니다. 미국의 시인 로버트 프로스트Robert Frost, 1874~1963가 〈가지 않는 길〉이라는 시를 써서 많은 사람의 공감을 자아낸 것도 그 때문입니다. 시인은 시의 첫 구절을 이렇게 노래했습니다.

—

노란 숲속에 두 갈래 길이 있었습니다. 나는 두 길을 가지 못하는 것을 안타까워하며, 한참을 서서 낮은 수풀로 꺾여 내려가는 한쪽 길을 멀리 끝까지 바라보았습니다.

—

시에서도 보듯이, 사람은 자신이 선택하지 않은 길에 대해 미련을 갖는 경우가 많습니다. 왜 그럴까요? 남의 떡이 커 보여서 그럴까요? 그럴 수도 있겠지만 보다 근원적인 이유가 있습니다. 우리가 선택하지 않은 것에 미련을 갖는 이유는 선택한 길이 다른 길보다 더 나은지에 대한 확신이 없기 때문입니다. 가령, 어떤 사람이 오래 사귄 연인과 결별한 후 새로운 사람을 만났습니다. 이때 새로운 상대가 정말 사랑스럽고 만족스럽다면 과거 연인에 대한 미련이 남지 않습니다. 그런데 새로운 상대가 생각보다 만족스럽지 않다면 후회와 함께 과거 연인에 대한 미련이 샘솟습니다. 결국, 선택하지 않은 것에 대한 미련이 남는 이유는 선택한 것에 대한 확신이 없기 때문입니다. 그러니 무엇인가를 선택할 때는 심사숙고하여 미련이 남지 않도록 해야 합니다.

알다시피 인생은 선택의 연속입니다. 물건을 살 때도 선택을 해야 하고, 애인을 만나거나 결혼을 하는 것도 선택의 결과입니다. 인생의 만족도도 따지고 보면, 자신이 선택한 것에 대한 만족도의 합계라고 보아도 틀리지 않습니다. 사람들은 자신의 인생길을 선택할 때 온전히 자기 책임하에 스스로 선택하는 경우가 많을까요, 아니면 결정권을 타인에게 맡기는 경우가 많을까요? 개인에 따라 다르겠지만 의외로 자기 인생에 대해서도 스스로 선택하기보다 타인에게 맡기는 사람도 적지 않습니다. 가령, 직업을 고를 때도 자기가 하고 싶은 일보다는 부모가 원하는 직업이나 남들 보기에 그럴싸해 보이는 직업을 선택하는 경우도 있고, 배우자 선택에서도 자신이 사랑하는 사람이 아니라 집안 어른이 맺어준 사람을 택하기도 하거든요.

그것 역시 개인의 자율적 선택이니 남들이 왈가왈부할 사안은 아니겠지만 선택의 주체가 누구인지는 매우 중요한 문제입니다. 인생의 길을 스스로 선택하는가, 타인에게 맡기는가에 따라 각자의 존재 방식이 결정되기 때문입니다. 실존주의 철학자 하이데거는 사물의 존재 방식과 인간의 존재 방식을 구분했습니다. '존재'와 '실존'이 바로 그것인데요. 존재와 실존은 엇비슷해 보이지만 완전히 상반된 삶의 방식입니다.

존재란 영어로는 'being'을 뜻하는데, 그냥 놓여진 대로 존재하는 것을 말합니다. 사물의 존재 방식이 이러합니다. 가령, 어떤 집에서는 러닝머신을 사다 놓고 주인이 하루도 빠짐없이 사용하고 있습니다. 이때 그 물건은 '러닝머신'으로 존재하고 있는 상태입니다. 그런데 다른 집에서는 러닝머신을 사다 놓고도 한 번도 사용하지 않습니다. 그 집 주인은 러닝머신의 손잡이에 옷을 걸어두는 용도로만 사용하고 있습니다. 이 상태라면 그 물건은 '러닝머신'으로 존재하고 있는 것일까요? 그렇지 않습니다. 러닝머신처럼 보이는 그 물건은 지금 '옷걸이'로 존재하고 있습니다. 중요한 것은 그 물건이 자신의 존재 방식을 스스로 선택한 것은 아니라는 점입니다. 그냥 누군가에 의해 '놓인 대로' 있을 뿐입니다. 이러한 상태가 바로 '존재being'입니다. 결국, 사물은 어떤 형태로든 '존재'하지만 그 상태를 스스로 선택한 것은 아닙니다.

인간은 사물처럼 존재하지 않습니다. 인간의 존재 방식은 '존재'가 아니라 '실존'입니다. 실존이란 영어로는 'existence'인데, 바깥을 향해 열려 있다는 의미입니다. 실존은 놓인 대로 존재하는 것이 아닙니다. 자신이 어떻게 존재할지는 정해진 바가 없습니다. 밖을 향해 열려 있기 때문입니다. 따라서 인간은 자신의 존재 방식을 스스로 선택해야 합니다. 요컨대, 사물은 놓인 대로 있으니까 그냥 '존재'하는 것이고, 인간은 자신이 어떻게 존재할지를 스스로 선택해야 하기에 '실존'이라고 부릅니다.

결국 '누군가가 실존한다'고 할 때, 이 말은 자신의 존재 방식을 스스로 선택한 경우에만 사용할 수 있는 표현입니다. 하이데거는 "인간만이 실존한다"고 했습니다. 인간만이 자신의 존재 방식을 선택할 수 있기에 실존할 수 있는 것입니다. 반면, 사물은 실존할 수 없습니다. 그냥 존재할 뿐입니다. 하이데거는 실존하는 존재인 인간을 두고 "스스로 존재하면서 스스로 존재에 대해 이해하려는 존재자"라고 표현했습니다. 인간만이 자신의 존재 방식을 선택할 수 있으며, 자신의 존재 상태에 대해 '실존하고 있는지' 캐묻고 반성하는 존재자라는 뜻입니다.

"인간만이 실존한다"는 하이데거의 주장을 잘 표현한 그림이 있습니다. 독일 낭만주의의 대표화가 카스파르 다비드 프리드리히 Caspar David Friedrich, 1774~1840 의 〈안개 바다 위의 방랑자Wanderer above the Sea of Fog〉라는 작품입니다.

〈안개 바다 위의 방랑자〉는 자연의 숭고함과 인간의 비장함이 동시에 느껴지는 그림입니다. 파도가 넘실거리듯 거칠게 흐르는 안개가 자욱한 바위산 꼭대기에 우뚝 선 남자의 뒷모습이 인상적입니다. 화가는 거대하고 넓은 자연 앞에 고독한 인간을 대치시켜놓았지만, 그렇다고 인간을 작게 그리지도 않았습니다. 산 정상

카스파르 다비드 프리드리히, 〈안개 바다 위의 방랑자〉
1818

에서 불고 있는 세찬 바람 때문에 금색의 머리카락이 흩날리고 있으며 자욱한 안개는 산봉우리를 감싼 채 파도치듯 휘몰아치고 있지만, 남성은 조금도 위축되지 않고 당당하게 자연을 내려다보고 있습니다. 홀로 서서 거칠고 광활한 자연과 맞서려는 심산입니다. 대자연 앞에서 홀로 서 있는 남성의 뒷모습에서 어떤 결연한 의지마저 엿보입니다. 마치 "자연아 물렀거라! 내가 나가신다!"라고 외치는 것 같습니다.

그림 속 바위와 산봉우리는 웅장해 보이지만 현재 '존재'하고 있는 상태입니다. 그냥 놓인 대로 있을 뿐입니다. 하지만 남성은 당당하게 자신의 존재 방식을 선택하고 있습니다. '실존'하고 있는 것입니다. 프리드리히는 거대하고 숭고한 자연 앞에서도 자기 자신의 모습으로 실존하려는 인간의 당당한 모습을 화폭에 담았습니다. 이렇듯 실존이란 자신의 존재 방식을 스스로 결정하는 행위로 오직 인간만이 행할 수 있는 특별한 권리입니다.

하이데거의 주장처럼, 인간만이 실존할 수 있는 권리를 가졌다면 모든 인간은 실존하고 있는 것일까요? 다시 말해, 사람은 누구나 자신의 존재 방식을 스스로 선택하며 살고 있을까요? 불행히도 이 질문에 대해서는 'Yes'라고 말하기 어렵습니다. 하이데거도 실존은 인간의 존재 방식이지만, 모든 사람이 실존한다고 보지 않았습니다. 그는 자신의 존재 방식을 스스로 선택하지 못하고 타인에게 위임하는 사람도 많다고 보았습니다. 앞서도 말했듯이, 자기가 하고 싶은 일을 포기한 채 부모님이 원하는 직업으로 살아가는 사람도 있고, 타인에게 그럴듯하게 보이는 직업을 선택해서 살아가는 사람도 있거든요. 이런 경우라면 하이데거는 실존하는 것이 아니라 존재하는 것이며, 인간이 아닌 사물의 존재 방식으로 살아간다고 말할 것입니다. 하이데거는 이런 상태를 '본래적 삶'이 아닌 '비본래적 삶'을 산다고 표현했습니다.

사람들은 왜 자신의 존재 방식을 스스로 선택하지 않고 다른 사람에게 맡김으로써 '비본래적 삶'을 사는 것일까요? 하이데거는 그 이유를 '존재 면책' 때문이라고 보았습니다. 자신의 존재 방식에 대한 선택을 타인에게 위임함으로써 결정에 대한 책임에서 벗어나려 한다는 것입니다. 가령, 자신이 원하는 일을 두고도 부모가 원하는 직업을 택해서 살게 되면, 스스로 내린 결정에 대한 책임을 벗어버릴 수 있다는 것입니다. 어차피 자기가 선택한 인생길이 아니니 설령 잘못되더라도 내 책임은 아니라는 논리입니다.

이렇게 자신의 존재 방식을 타인에게 위임함으로써 책임에서 벗어나는 선택은 바람직한 태도일까요? 일단 그런 선택이 안전해 보이기는 합니다. 남들처럼 엇비슷하게 살 수도 있고, 책임으로부터도 약간 자유로워질 수도 있으니까요. 하지만 이러한 선택에도 큰 위험이 따릅니다. 뭔가 하면, 결정을 타인에게 위임함으로써 부담은 덜었지만 자기 자신으로 존재하지 못하고 타인을 위해 살아갈 위험입니다. 앞서 하이데거는 자신의 존재 방식을 타인이 결정하는 존재자를 '사물'이라고 했잖아요. 결국, 자신의 존재 방식을 타인에게 떠넘기면 약간의 책임에서 벗어날 수는 있겠지만, 사물처럼 존재하고 있을 뿐입니다. 이는 본래적 삶이 아니라 비본래적 삶을 사는 것으로 결코 바람직한 일은 아닙니다.

이런 사람들은 자신의 존재 방식에 대한 선택을 포기했지만, 그럼에도 살아내야 하는 삶은 고스란히 자기 앞에 남아 있습니다. 선택을 포기했음에도 여전히 자기 앞에 놓인 세계는 자신의 것이며 자기 인생일 뿐입니다. 비본래적 삶을 살아가야 할 숙제는 여전히 자신의 몫으로 남습니다. 이처럼 타인에 의해 자신의 존재 방식이 결정된 사람은 스스로 원치 않았던 인생을 재미없고 무의미하게 살아갈 확률이 높습니다. 결코 현명하다고 말하기 어렵습니다.

하이데거가 인간만이 실존한다고 주장한 말 속에는 우리 인간이 자신의 존재 방식을 스스로 선택할 수 있다는 의미도 들어 있지만, 우리 모두는 자신의 존재에 대한 책임을 떠안고 있다는 뜻이기도 합니다. 우리가 원치 않는 삶을 살고 있다고 하더라도 현재 모습은 여전히 자신의 것이며, 자신이 책임져야 합니다. 결국 하이데거는 우리 자신의 존재 방식에 대한 선택에 대해서 자유와 책임을 동시에 강조하고 있는 셈입니다. 결국 실존한다는 것은 자기가 어떤 모습으로 살지를 선택할 자유와 그 결과에 대한 책임까지 진다는 뜻이 내포되어 있습니다. 그렇기 때문에 자신의 존재 방식을 스스로 선택한 사람, 다시 말해 실존하고 있는 사람은 '이렇게 살아도 될까'라는 의문을 품지 않습니다. 자기가 살아갈 모습을 스스로 선택했고, 그 결과에 대해서도 책임질 준비가 되어 있기 때문입니다.

사르트르도 우리 인간이 존재에 대한 자유와 책임을 동시에 가졌다는 의미에서 이렇게 표현했습니다. "우리는 자유롭게 존재하도록 선고 받았다." 결국 자유로운 존재인 인간은 자신의 존재 방식, 삶의 모습을 자유롭게 선택해야 하며 그 결과에 대해서도 책임을 져야 합니다. 자신의 존재 방식을 스스로 선택할 수 있는 권리, 즉 실존의 권리는 인간만이 누릴 수 있는 소중한 특권이기 때문입니다.

한편, 실존하려는 사람은 위험을 감수할 각오가 되어 있어야 합니다. 세상에 이미 존재하는 길은 대체로 안전하지만, 그것은 나를 위해 마련된 길이 아닙니다. 실존하기로 선택한 사람이 걷는 인생길은 아무도 가지 않은 정글과 같습니다. 곳곳에 위험이 도사리고 있습니다. 따라서 자기가 원하는 삶을 살고자 한다면 어느 정도의 위험을 감수해야 합니다. 〈안개 바다 위의 방랑자〉의 주인공처럼, 실존하려는 인간은 거친 자연과 세상의 풍파가 자신을 위협해도 굴하지 않고 자신의 길을 가려 합니다.

니체도 우리가 실존하기 위해서는 위험을 감수해야 한다면서 다음과 같이 주장했습니다.

—

우리는 자신 앞에 우리의 실존을 변명해야 한다. 따라서 우리는 이 현존재의 진정한 키잡이가 되고자 하며 우리의 실존이 생각 없는 우연처럼 되는 것을 용납하지 않으려 한다. 우리는 우리의 실존을 조금 무모하고 조금 위험하게 다루어야 한다.

—

자기가 원하는 모습으로 실존하고자 하는 사람(니체는 이런 모습을 "현존재의 진정한 키잡이가 되고자 한다"고 표현했습니다)은 자신이 선택한 길을 가기 위해서 기꺼이 위험을 마다하지 않습니다. 자신이 진정으로 원하는 삶이 위험 너머에 있기 때문입니다.

실존하고자 한다면 위험을 감수해야 한다는 니체의 주장에 부합하는 작품을 하나 감상하도록 하겠습니다. 다음 페이지의 그림은 미국의 풍경화가로 유명한 프레드릭 에드윈 처치Frederic Edwin Church, 1826~1900의 〈빙하The Iceberg〉라는 작품입니다.

지구 온난화의 영향 때문인지 거대한 빙산이 떠내려온 바다에 작은 범선 한 척이 위태롭게 항해하고 있습니다. 크기가 하도 거대해서 불침선The Unsinkable이라는 별명이 붙었던 타이타닉호도 빙산과의 충돌로 인해 침몰한 것에도 알 수 있듯이, 그림 속 범선 정도의 크기라면 살짝만 스쳐도 매우 위험한 상황일 것입니다. 저 정도 크기의 빙산이 있을 정도면 꽤 먼 바다일 텐데, 선장은 왜 작은 범선을 이끌고 이곳까지 항해를 했을까요? 무슨 사연이라도 있는 것일까요? 철학자이자 소설가인 알랭 드 보통Alain de Botton은 《영혼의 미술관》에서 다음과 같은 코멘트를 달았습니다. "가치 있는 여행이 쉬우리라고는 기대하지 말라."

생각해보면 매우 적절한 표현인 것 같습니다. 놀이공원에서

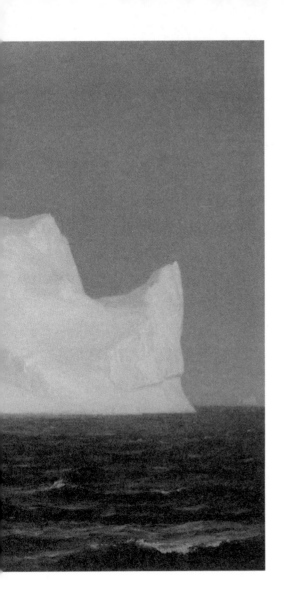

에드윈 처치, 〈빙하〉
1891

롤러코스터가 짜릿한 이유는 위험천만하기 때문입니다. 안전하면서도 흥미 있는 놀이기구는 없습니다. 여행도 이와 유사합니다. 안전하면서도 재미있는 여행은 결단코 없습니다. 어느 정도의 불확실성과 위험은 여행의 흥미와 가치를 높이는 수단이 됩니다. 인생도 마찬가지입니다. 가치 있고 재미난 인생을 살고자 한다면 기꺼이 위험을 감수하고 그것에 맞서는 용기도 필요한 법입니다.

간혹 부모 중에는 사랑이 지나쳐서 자녀에게 조금의 위험도 용납하지 않으려는 경우가 있는데, 이는 결코 현명한 태도가 아닙니다. 이러한 과잉보호는 단기적으로는 자녀를 안전하게 돌보는 것처럼 보이지만, 장기적으로는 오히려 자녀의 자생력을 해치는 결과로 이어지기 쉽습니다. 시각과 청각의 장애에도 불구하고 위대한 삶을 살았던 헬렌 켈러 Helen Adams Keller, 1880~1968 는 이런 말을 남겼습니다. "길게 보면 위험을 피하는 것이 완전히 노출하는 것보다 안전하지도 않다." 미국의 유명 사회자인 오프라 윈프리 Oprah Winfrey 도 비슷한 말을 했습니다. "조금도 위험을 감수하지 않는 것이 인생에서 가장 위험한 일이다." 《7 habits》의 저자로 잘 알려진 스티븐 코비 Stephen Richards Covey, 1932~2012 박사도 "가장 큰 위험은 위험이 없는 삶이다"라고 주장했습니다. 그들은 공통적으로 위험을 피하려고만 하는 태도를 결코 현명한 것이 아니라고 말했습니다. 오히려 위험이 없는 삶이 더 위험하다고 강조했습니다.

조금도 위험을 감수하지 않는 사람이 만나게 되는 가장 큰 위험은 무엇일까요? 그것은 바로 '위험에 대한 내성을 기르지 못한다'는 점입니다. 위험이 생기는 족족 피하기만 하면 위험에 맞서고 그 위험을 넘어서는 능력을 기르는 데 실패하고 맙니다. 마치 온실 속 화초처럼 과잉보호 속에서 자란 자녀는 부모라는 보호막이 사라지면 조그마한 위험에도 이겨내지 못하고 쉽게 꺾이고 맙니다. 결국 부모의 역할은 자녀를 위험과 격리시켜 안전하게 보호하는 것이 아닙니다. 자녀가 위험에 처해서도 스스로 헤쳐나갈 수 있도록 면역력과 자생력을 키워주는 것이 궁극적인 역할입니다.

니체도 살면서 위험을 경험하는 일은 반드시 필요하다고 주장하면서 다음과 같은 말을 남겼습니다. "존재를 통해서 가장 위대한 성취와 가장 위대한 즐거움을 일궈내는 비결은 위험을 감수하며 사는 것이다." 어느 정도의 위험을 감수해야 위대한 성취를 얻을 수 있다는 뜻입니다. 위험은 개인의 발전에도 반드시 필요한 요소입니다. 생명의 진화과정을 연구했던 베르그송도 《창조적 진화》에서 진화의 비밀에 대해 다음과 같은 결론을 내렸습니다. "생명 전체의 진화에서도 최대의 성공은 최대의 위험을 무릅쓴 것들의 몫이었다." 결국, 위대한 성취와 즐거움, 최대의 성공은 위험을 피하지 않고 맞서는 자에게만 주어지는 전리품과도 같습니다.

역사상 위대한 성취를 이룬 사람들과 철학자들은 한결같이 안전함을 추구하기보다 어느 정도의 위험을 감수하는 편이 좋다고 말합니다. 물론 그들도 위험 요소를 사전에 인지하고, 위험한 상태에 빠지지 않도록 조심하는 태도 자체를 부정하지는 않았습니다. 하지만 인생을 살면서 위험에 빠지지 않도록 '조심만' 하면서 살 수는 없습니다. 특히 스스로 실존하기로 선택한 사람은 더욱 그렇습니다. 인간은 단지 위험을 피하기 위해 이 세상에 태어난 것은 아닙니다. 김달진[1907~1989] 시인이 이런 멋진 말을 남겼습니다. "배가 항구에 정박해 있을 때는 아무런 위험도 없다. 하지만 그러자고 배가 있는 것은 아니다."

결국 우리가 원하는 모습으로 실존하기 위해서는 어느 정도의 위험은 감수해야 합니다. 우리가 인생을 통해 얻게 될 성취와 즐거움, 성공 등은 위험을 어떻게 대했는지에 달린 것이기도 합니다. 성공하고 싶다면, 자신으로 실존하고 싶다면 위험을 회피하지 말고, 기꺼이 맞서고 즐길 줄도 알아야 합니다. 각자 스스로에게 물어보시죠. 나는 실존하고 있는지? 나는 위험을 만나면 어떻게 행동하는지?

17

Reading

독서

삶이 그대를 속일지라도
책을 읽어야 한다

책 읽는 여자(장 오노레 프라고나르, 1770)

독서여가(정선, 1740~1741)

지금껏 수많은 현자들이 책 읽기의 중요성을 강조한 바 있습니다. 하지만 현대에 와서는 점점 책을 읽는 사람이 줄어들고 있습니다. 오늘날에는 과거와 달리 지척에 책이 널려 있습니다. 손만 뻗으면 언제든 책을 잡을 수 있을 정도입니다. 그럼에도 무슨 이유 때문인지 책을 읽는 사람은 손에 꼽을 정도입니다. 지하철을 타면 다들 고개를 숙인 채 무엇인가를 주시하고 있지만 책을 읽는 사람은 거의 없습니다. 온통 스마트폰에 시선을 빼앗기고 있습니다. 그러니 책을 펼칠 시간조차 없습니다. 오늘날에는 책이 너무 흔해서 외려 책에 관심을 두는 사람이 적은지도 모릅니다.

과거에는 책을 대하는 태도가 오늘날과 사뭇 달랐습니다. 책을 구하기 어려웠던 시절에는 책이 매우 귀한 물건이었습니다. 평민들은 평생 가도 손에 책을 쥐어보는 경험조차 하지 못하는 경우가 많았습니다. 책은 값비싼 장신구만큼이나 귀한 물건이었습니다. 따라서 과거에는 책을 굉장히 귀하게 생각했습니다. 어렵사리 책을 구하면 소중한 보물을 다루듯 했고, 몇 번이고 반복해서 읽었습니다. 책을 좋아하기로 정평이 나 있던 공자에게는 '위편삼절韋編三絶'이라는 고사성어가 따라 다닙니다. 이 표현은 공자가 《주역》을 즐겨 읽으면서 책(죽간)을 엮은 끈이 3번이나 끊어졌다는 것에서 유래했습니다. 스스로를 "호학자好學者"라 불렀던 공자님도 책을 소중하게 여겼고, 책 읽기를 즐겼습니다. 그에게는 독서하는 때가 가장 즐거운 시간이었습니다.

미술사에도 책 읽는 모습을 소재로 한 그림들이 꽤 많이 등장합니다. 프랑스 화가인 장 오노레 프라고나르Jean-Honoré Fragonard, 1732~1806도 책 읽는 사람을 화폭에 담았습니다.

우리에게 〈그네L'Escarpolette〉라는 작품으로 잘 알려진 장 오노레 프라고나르는 로코코 시대를 대표하는 화가입니다. 그는 풍부한 색채와 분위기 있는 배경, 특히 피부색의 명암을 세심하게 처리하여 에로틱한 분위기를 연출하는 작품을 많이 남겼는데, 이러한 그의 화풍은 이후 인상주의 화가에게 영향을 주기도 했습니다.

다음 작품 속에는 레몬색 드레스 차림의 어린 소녀가 의자에 앉아서 책을 보고 있는 장면이 화면을 가득 차지하고 있습니다. 등 뒤로 어렴풋이 그림자가 지는 것으로 보아 그녀는 지금 창문 앞에 앉아서 독서를 하고 있는 것 같습니다. 고개를 약간 숙인 채 오른손에 든 책에 완전히 몰입하고 있는 탓에 주변의 배경이 흐릿하

장 오노레 프라고나르, 〈책 읽는 여자〉
1770

게 보일 정도입니다. 머리띠의 매듭이나 얌전하게 놓인 손은 소녀의 교양과 성품을 간접적으로 말해주고 있습니다. 작품의 전체적인 구성은 매우 단순하지만 그것이 오히려 독서삼매경에 빠진 소녀를 더욱 우아하게 연출해주고 있습니다.

우리는 왜 책을 읽어야 할까요? 독서를 해야 하는 이유에 대해서는 수많은 대답이 있을 수 있습니다. 독서광으로 유명한 작가이자 철학자인 움베르토 에코Umberto Eco, 1932~2016는 평소 독서를 즐기는 사람이 책을 읽지 않는 사람보다 삶이 풍요롭다고 주장하면서 이렇게 말했습니다. "책을 읽지 않는 사람은 단지 자신의 삶만 살아가지만 독서를 많이 하는 사람은 아주 많은 삶들을 살아가기 때문이다." 평소 책을 읽지 않는 사람은 자신이 살고 있는 단 하나의 인생만 경험하지만, 여러 종류의 책을 읽는 사람은 여러 가지 삶을 맛보며 산다는 것입니다. 다양한 독서를 하게 되면 여러 유형의 삶을 간접 체험할 수 있으니까 삶이 보다 풍부해진다는 논리입니다.

니체도 독서를 "다른 사람의 영혼 속을 거니는 행위"라고 표현하기도 했습니다. 평소 책 읽기를 즐기는 사람은 단 하나의 삶이 아니라 여러 가지 삶을 경험할 수 있습니다. 독서를 즐기는 사람은 고대 그리스로 가서 오딧세우스가 되기도 하고, 셰익스피어의 햄릿이 되기도 하고, 피츠 제럴드의 '위대한 개츠비'가 되기도 하고, 니코스 카잔차키스의 '그리스인 조르바'의 삶을 경험할 수도 있습니다.

철학자 데카르트Rene Descartes, 1596~1650는 이런 말을 했습니다.

"모든 양서를 읽는 것은 지난 몇 세기 동안 걸친 가장 훌륭한 사람들과 대화하는 것과 같다." 좋은 책을 읽으면 주변에서 쉽게 만나기 힘든 역사상 위대한 사람들과 대화를 나누는 효과를 얻을 수 있습니다. 보통 사람들이 살면서 책에 나오는 유명인을 직접 만나서 대화하는 경험을 하기란 결코 쉽지 않습니다. 대한민국 사람들은 생존 작가 중에서 무라카미 하루키나 밀란 쿤데라를 좋아하는 이가 많은데, 막상 이들과 직접 만나서 대화를 나누는 기회를 갖기란 매우 어렵습니다. 이처럼 직접 체험을 통해서는 훌륭한 사람을 만나기도 어렵고, 그들과 진지한 대화를 나눌 기회는 더더욱 없습니다.

사실 유명인과의 만남 기회는 쉽지도 않지만 비용도 많이 드는 이벤트입니다. 가령, 2019년 암호화폐 트론의 CEO인 저스틴 선Justin Sun은 오마하의 현인이라 불리는 투자의 귀재 워렌 버핏Warren Edward Buffett과의 점심식사 기회를 얻기 위한 경매에서 456만 7,888달러(한화로 약 54억 원)를 불러 낙찰을 받았습니다. 그는 버핏과의 만남이라면 그 정도의 비용을 지불할 가치가 있다고 본 것입니다. 보통 사람들은 상상할 수 없는 일이 실제로 벌어진 것입니다. 하지만 우리는 그것보다 훨씬 적은 비용으로도 비슷한 효과를 얻을 수 있습니다. 어떻게 그것이 가능할까요? 책을 통해서 가능합니다. 책으로는 하루키나 쿤데라를 만나고, 그들과 대화하고, 지식이나 지혜를 얻는 일이 그리 어려운 일은 아닙니다. 책으로는 인류 역사에 존재했던 유명인들을 거의 빠짐없이 만날 수 있습니다. 그것도 아주 적은 비용으로도 가능합니다.

송나라 말기의 학자 황견黃堅이 편찬한 시문선집인《고문진
보》에는 이런 말이 나옵니다. "빈자인서부 부자인서귀貧者因書富 富者
因書貴" '가난한 사람은 책으로 부자가 되고, 부자는 책으로 귀해진
다'는 뜻입니다. 이 말에 따르면, 책 읽기는 가난한 사람이든 부자
든 해야 하는 활동입니다. 가난한 사람은 부자가 되기 위해, 부자
는 존귀해지기 위해 책을 읽어야 합니다. 대체로 가난한 사람들은
부자가 되기를 갈망합니다. 하지만 애석하게도 책을 읽는 경우는
드뭅니다. 그래서 부자가 되지 못합니다. 그들에게 책을 읽지 않
는 이유를 물어보면 주로 다음과 같은 대답합니다. "먹고살기 바빠
서, 시간이 없어서 책을 읽지 못합니다." 물론 충분히 이해되는 대
목입니다. 하지만 아무리 시간이 없고 바빠도 책을 읽어야 합니다.
책 읽기는 시간이 남아돌아야 비로소 할 수 있는 행위가 아닙니다.
바쁜 시간을 쪼개서라도 '해야 하는' 행위입니다. 'want'가 아니라
'must'입니다. 부자가 되기 위해서는 더욱 그렇습니다.

　　모든 사람에게 책 읽기가 중요하지만 특히 더 중요한 사람은
누구일까요? 가난한 사람일까요, 부자일까요? 지배계급일까요, 피
지배계급일까요? 현재 삶이 만족한 사람일까요, 불만족한 사람일
까요?

　　다음의 작품들을 좌측부터 소개하면, 앙리 팡텡 – 라투르
Henri Fantin-Latour, 1836~1904 의 〈책 읽는 여자The Reader〉(1861), 클로드 모
네의 〈책 읽는 여자Springtime〉(1872), 르누아르의 〈책 읽는 여자The
Reader〉(1874~1876), 프란츠 아이블Franz Eybl, 1805~1880 의 〈독서하는 처

녀$^{Girl\ Reading}$〉(1850)입니다. 이 작품들은 모두 19세기에 그려진 것으로 책을 읽고 있는 장면을 묘사하고 있습니다. 이들에게는 독서를 하고 있다는 점 외에도 공통점이 있습니다. 대상이 모두 여성이라는 점입니다. 왜 여성들이(여성들만) 책을 읽고 있는 것일까요?

　　중세시대까지만 해도 책은 신의 은총과 정신적 권위를 담은 그릇이었습니다. 특히 '책 중의 책'이라 불리는 성서는 전통적으로 남성의 전유물이었습니다. 따라서 여성이 독서를 한다는 것은 매우 드문 경우고, 심지어 위험한 일이기도 했습니다. 근대에 들어서

책 읽는 여자 (좌측부터 라투르, 모네, 르누아르, 아이블)

면서 여성의 지위가 조금 나아지기는 했으나 여전히 마이너리티 신분에 머물러 있었습니다. 하지만 르네상스 이후 조용히 책을 읽기 시작한 여성들이 조금씩 생겨나기 시작했습니다. 이들은 독서를 통해 사적인 생활을 즐기는 기회로 삼거나 개인적 자유를 체험하기도 했고, 전통적인 관점이나 남성 중심의 세계상과 일치하지 않는 자기 나름의 세계관을 만들기 시작했습니다. 여성들이 책을 읽는 행위는 조용해 보이지만 남성 위주의 세계관에 맞서는 혁명의 시작이었습니다.

18세기 영국의 평론가 새뮤얼 존슨Samuel Johnson, 1709~1784은 책의 존재 이유에 대해 이렇게 주장했습니다. "책은 각자 존재에서 벗어날 수 있게 해주거나, 그게 아니면 존재를 견딜 방법을 가르쳐주어야 한다." 그에 따르면, 책을 읽어야 하는 이유는 크게 두 가지입니다. 존재에서 벗어나거나 존재를 견디거나. 전자가 '탈출'이라면 후자는 '적응'과 관련이 있습니다. 독서를 통해 우리는 현재의 존재 상태에서 벗어날 수 있습니다. 말하자면 현실의 감옥에서 탈출할 용기를 얻습니다.

책을 읽지 않으면 현실이라는 감옥에서 벗어나지 못할까요? 결론부터 말하면, 그렇습니다. 책을 읽지 않으면 대부분 현실의 감옥 바깥으로 나가지 못합니다. 평소에 독서를 하지 않으면 현실이 감옥임을 인식조차 하지 못하기 때문입니다. 만약 현실이 감옥임을 알고 있음에도 탈출할 엄두조차 내지 못하고 있다면, 그 상태로 자신을 보는 것은 매우 비참한 일입니다. 하여, 그런 사람은 현실을 직시하지 않고 외면하거나 눈을 감아버리는 경우가 많습니다. 그러면서 스스로에게 최면을 걸죠. 지금 내가 살고 있는 세상은 천국이고, 내일이 되면 내일의 태양이 떠오를 것이라고. 일종의 자기기만 전략이라고 말할 수 있겠습니다. 하지만 그런 사람조차도 책을 읽으면 감옥 같은 현실을 자각하게 되고, 그 결과 '빠삐용'처럼 탈출을 시도할 용기를 가질 수 있습니다. 요컨대, 우리는 책을 통해 개개인이 처한 존재 상태에서 벗어날 힘을 얻을 수 있습니다.

그게 아니라면 최소한 '존재를 견딜 방법'을 찾을 수 있습니다. 현실이 감옥이라고 해서 모두가 탈출을 감행해야 하는 것은 아닙니다. 탈출이 쉽지도 않거니와 감옥을 탈출하면 그다음부터는 스스로 끼니를 해결해야 합니다. 이제부터 하루 세 끼 공짜로 주던 '콩밥'도 없습니다. 이러한 사실은 직장이 감옥이라고 생각하여 과감히 사표를 내던지고 탈출을 해보면 금방 깨닫게 되는 현실입니다. 게다가 감옥 바깥의 상황도 감옥 안과 별반 다르지 않습니다. 예컨대, 어떤 사람이 대한민국이 '헬조선'이라고 생각하여 탈출을 감행했습니다. 과감히 이민을 떠났습니다. 그렇다면, 이민 간 그곳은 대한민국과 달리 천국일까요? 장담할 수 없습니다. 감옥 바깥도 여전히 감옥인 경우가 많습니다.

글로벌화된 현대는 세상 전체가 하나의 거대한 감옥이라고 볼 수도 있습니다. 탈출을 포기하고 그 안에서 만족을 얻기 위한 지혜를 찾는 것도 하나의 방법입니다. 비록 우리의 몸은 철창 속에 있지만, 책을 통해 그 속에서 행복을 찾는 데 도움을 얻을 수도 있습니다. 적절한 비유인지는 모르겠으나 '슬기로운 감빵 생활'의 지혜라고나 할까요? 아무튼 현실을 벗어나고 싶은 사람도, 현실에 적응하고 싶은 이도 모두가 책을 읽어야 합니다. 이것이 새뮤얼 존슨이 말한 책의 존재 이유이자 우리가 책을 읽어야 할 이유입니다. 소설가 다니엘 페나크Daniel Pennac는 책 읽기에 대해 이렇게 주장했습니다.

—

지금까지 우리의 인격을 형성해온 책읽기란 대개는 순응하고 따르는 책 읽기라기보다는 무언가에 반하고 맞서는 책 읽기였다. (…) 모든 독서는 저마다 무언가에 대한 저항 행위다.

—

다니엘 페나크에 따르면, 책 읽기는 단순히 지식이나 정보를 얻는 차원을 넘어서는 행위입니다. 그것은 삶에 대한 혁명과도 같습니다. 만약 현재 삶이 너무나 만족스럽고 행복한 사람이라면 굳이 책을 읽지 않아도 됩니다. 그에게는 지금 아무런 혁명이 필요 없는 상황으로, 그냥 현재 상태를 즐기기만 하면 됩니다. 하지만 그와 달리 현재 삶이 만족스럽지 않고 불행하다면, 이때는 책을 읽어야 합니다. 그의 삶에는 혁명이 필요하기 때문입니다. 쿠바의 혁명 영웅인 체 게바라Che Guevara, 1928~1967가 혁명 투쟁의 순간에도 손에서 책을 놓지 않았고, 틈틈이 책을 읽었다는 일화는 시사하는 바가 큽니다. 혁명가는 모두 독서를 해야 합니다. 책 읽는 행위가 곧 저항이고 혁명이기 때문입니다.

남루한 현실에서도 책을 손에서 놓지 않는 사람은 분명 부조리한 세상에 맞서 저항하고 있는 사람입니다. 앞선 작품 속 여성들이 책을 읽는 것을 남성 중심의 세계에 대한 저항행위로 해석해도 크게 틀리지 않습니다. 반대로 현실의 무게에 짓눌려 별다른 저항조차 못하고 있다면, 그래서 1년 내내 책 한 권 읽을 여유도 얻지 못한다면 그는 자신에게 주어진 삶의 조건에 굴복하고 불만족스러운 삶을 그냥 감내하는 자에 불과합니다. 그런 의미로 보자면, 책 읽기는 분명 혁명입니다. 독서는 삶에 대한 저항이자, 나를 옥죄고 있는 현실에 대한 반항이기 때문입니다. 따라서 현실에 불만이 많을수록 책을 읽어야 합니다. 독서만이 자신이 처한 현실을 객관적으로 바라보게 만들고, 그곳에서 벗어날 용기를 얻을 수 있습니다.

독서와 관련된 작품을 하나 더 감상하도록 하겠습니다. 이번에는 동양화입니다. 조선의 산하를 직접 답사하고 화폭에 담은 진경산수화眞景山水畵로 유명한 조선 후기의 화가 겸재謙齋 정선鄭敾, 1676~1759의 그림 중 〈독서여가讀書餘暇〉라는 작품입니다.

〈독서여가〉는 《경교명승첩》 하권 맨 처음에 장첩된 그림입니다. 진경眞景 시대의 핵심인물로 유명한 정선은 산수山水는 물론 초충草虫과 인물 등 다양한 소재에 모두 능했습니다. 그중 〈독서여가〉는 인물을 비교적 자세히 그린 작품으로 꼽히는데, 그가 50대 초반 북악산 아래 유란동에서 생활하던 모습을 그린 자화상으로 알려져 있습니다. 겸재 본인으로 추정되는 주인공은 바깥 사랑채에서 독서를 하다가 잠시 여가를 즐기고 있습니다. 더위를 식힐 요량인지 손에 부채를 펼쳐 들고 있으며, 앞에 놓인 화초에 눈을 두고 한가롭게 시상에 잠긴 듯 보입니다. 뒤쪽으로 보이는 서가에는 책들이 단정하게 정리되어 있으며, 촛대와 화병도 보입니다. 서책 외에는 별다른 물건이 없는 것으로 보아 주인공은 분명 학문을 즐기는 선비임을 짐작케 합니다. 세상의 소리에 아랑곳하지 않고 조용

정선, 〈독서여가〉
1740~1741

히 물러나 독서하는 모습에서 여유로움과 해탈의 기운마저 엿보입니다.

　정선의 〈독서여가〉를 보고 있노라면, 40세에 모함을 받은 후 18년 동안 강진에서 유배 생활을 하던 다산 정약용의 모습이 겹쳐집니다. 유배 중 다산은 독서와 글쓰기에 몰입함으로써 학문적, 사상적 성취를 이루어냈습니다. 강진에서의 유배 기간은 관료로서는 암흑기였지만 학자로서는 알찬 수확기였습니다. 독서광이었던 다산은 유배를 당하자 그곳에서 아들에게 이런 편지를 썼다고 합니다. "이제 가문이 망했으니 네가 참으로 독서할 때를 만났구나!" 다산은 세상일이 뜻대로 풀리지 않는 상황에서도 책 읽기만은 포기하지 않았습니다. 그는 오히려 현실이 원치 않는 방향으로 흘러갈 때도 책을 읽어야 한다고 생각했습니다.

　초야에 묻혀 책이나 읽고 있다고 해서 세상을 등졌거나 세계가 좁아지는 것은 결코 아닙니다. 책의 크기는 손에 잡힐 정도로 작지만, 그 속의 세계는 인간이 경험할 수 있는 세계보다 훨씬 넓습니다. 명나라 사상가인 이탁오李卓吾, 1527~1602는 이런 말을 했습니다. "세계는 얼마나 좁으며, 네모난 책은 얼마나 넓은가!" 책 속의 세계가 우리가 경험하는 세계보다 넓다는 뜻입니다. 중국의 작가 린위탕林語堂, 1895~1976도 이런 말을 했습니다. "평소에 책을 읽지 않는 사람은 시간적으로나 공간적으로나 자기 하나만의 세계에 감금되어 있다. 그러나 그러한 사람들이라도 손에 책을 들면 별천지에 있는 자신을 발견하게 될 것이다." 책은 단지 텍스트가 기록된 종이가 아닙니다. 책 속에는 인류가 지금껏 쌓아온 지혜가 고스란히 들어 있기에 사람보다 훨씬 큰 세계입니다. 따라서 세계를 제대로 이해하고자 한다면 책을 읽어야 합니다.

독서는 외부의 불행으로부터 자신을 지키는 수단이 되기도 합니다. 영국 소설가 서머싯 몸이 이런 말을 했습니다. "책 읽는 습관을 기르는 것은 인생에서 모든 불행으로부터 스스로를 지킬 피난처를 만드는 것이다." 미국의 철학자이자 시인인 랄프 왈도 에머슨 Ralph Waldo Emerson, 1803~1882 도 비슷한 말을 했습니다. "독서의 기쁨을 아는 자는 재난에 맞설 방편을 얻은 것이다." 세상일이 자기 뜻대로 돌아가지 않아서 곤란에 처하더라도 책을 읽으면 불행에서 견딜 힘을 얻을 수 있습니다. 요컨대 독서는 자기가 원하는 삶을 살기 위해서도 필요하지만 생각지도 못한 불행으로부터 자신을 지키는 데도 도움이 됩니다.

셰익스피어도 책 읽기를 강조하면서 이런 말을 남겼습니다. "생활 속에 책이 없다는 것은 햇빛이 없는 것과 같으며, 지혜 속에 책이 없다는 것은 새에 날개가 없는 것과 같다." 책은 지식이나 지혜의 보고이기도 하지만 생활에 반드시 필요한 햇빛이자 새의 날개와도 같은 유용한 도구입니다. 따라서 삶의 비상을 꿈꾸는 사람이라면 책을 읽어야 합니다. 책이라는 햇빛이 자신을 무럭무럭 자라나게 만들어주고, 책이라는 날개가 창공을 자유롭게 날아갈 수 있도록 도와주기 때문입니다. 미국의 사상가이자 작가인 헨리 데이비드 소로 Henry David Thoreau, 1817~1860 도 이런 말을 남겼습니다. "얼마나

많은 사람들이 독서를 통해 인생의 새 장을 열어왔는가!" 우리가
책을 읽어야 하는 이유는 무궁무진합니다. 부자가 되고 싶다면 책
을 읽어야 합니다. 현재 삶이 만족스럽지 않다면 책을 읽어야 합니
다. 삶이 그대를 속일지라도 책을 읽어야 합니다. 지금보다 더 나
은 삶, 새로운 삶을 원한다면 책을 읽어야 합니다. 책 속에 길이 있
습니다.

미술관에서 소크라테스를 만나다

1판 1쇄 발행   2022년 2월 25일
1판 2쇄 발행   2023년 1월 30일

지은이 이호건
펴낸이 신주현 이정희
마케팅 임수빈
디자인 조성미
제작 (주)아트인

펴낸곳 미디어샘
출판등록 2009년 11월 11일 제311-2009-33호

주소 03345 서울시 은평구 통일로 856 메트로타워 1117호
전화 02) 355-3922 | 팩스 02) 6499-3922
전자우편 mdsam@mdsam.net

ISBN 978-89-6857-210-4 03100

www.mdsam.net